1時《じ》間《かん》でわかる 浅《あざ》井《い》氏《し》と三《さん》姉《し》妹《まい》

長浜市《ながはまし》長浜城歴史《ながはまじょうれきし》博物館《はくぶつかん》

はじめに

平成《へいせい》23年《ねん》のNHK大河《たいが》ドラマ「江《ごう》～姫《ひめ》たちの戦国《せんごく》～」は、浅井《あざい》三姉妹《さんしまい》の末娘《すえむすめ》「江《ごう》」を主人公《しゅじんこう》とした物語《ものがたり》です。

「江《ごう》」は、元亀《げんき》4年《ねん》（1573）に小谷城《おだにじょう》で生《う》まれました。すなわち、現在《げんざい》の長浜市域《ながはましいき》に生《う》まれた女性《じょせい》が、初《はじ》めて大河《たいが》ドラマの主人公《しゅじんこう》となったのです。また、大河《たいが》ドラマの副題《ふくだい》「姫《ひめ》たちの戦国《せんごく》」が表《あらわ》しているように、「江《ごう》」（後《のち》の崇源院《すうげんいん》）の姉《あね》「茶々《ちゃちゃ》」（後《のち》の「淀《よど》」）や「初《はつ》」（後《のち》の常高院《じょうこういん》）、そして彼女《かのじょ》らの娘《むすめ》など、多彩《たさい》で華麗《かれい》な女性《じょせい》による戦国絵巻《せんごくえまき》がドラマでは展開《てんかい》します。

日本《にっぽん》の戦国時代《せんごくじだい》が、これまでと異《こと》なった女性《じょせい》の視点《してん》から描《えが》かれています。

本書《ほんしょ》ではドラマの背景《はいけい》となっている、浅井三姉妹《あざいさんしまい》の曽祖父《そうそふ》（亮政《すけまさ》）・祖父《そふ》（久政《ひさまさ》）、そして父《ちち》（長政《ながまさ》）に当《あ》たる浅井三代《あざいさんだい》から、三姉妹《さんしまい》の生涯《しょうがい》に至《いた》る歴史《れきし》をたどってみましょう。

▲三姉妹神社《さんしまいじんじゃ》（福井市北庄城跡《ふくいしきたのしょうじょうあと》）

▲崇源院《すうげんいん》画像《がぞう》（養源院《ようげんいん》蔵《ぞう》）

▲常高院《じょうこういん》画像《がぞう》（常高寺《じょうこうじ》蔵《ぞう》）

▲伝《でん》 淀殿《よどどの》画像《がぞう》（奈良県立美術館《ならけんりつびじゅつかん》蔵《ぞう》）

目次

▲浅井家《あざいけ》の墓所《ぼしょ》。亮政《すけまさ》、久政《ひさまさ》、長政《ながまさ》の墓《はか》が並《なら》ぶ
(長浜市《ながはまし》平方町《ひらかたちょう》徳勝寺《とくしょうじ》)

本書は長浜城歴史博物館友の会「友の会だより」二一九号(平成二十一年七月号)〜二三九号(平成二十三年五月号)に掲載の、太田浩司「浅井三代から三姉妹へ」を改稿し、写真などを新たに添付し再構成したものである。

▲日本《にっぽん》を代表《だいひょう》する山城《やましろ》の一《ひと》つ、浅井氏《あさいし》の居城《きょじょう》・小谷城跡《おだにじょうあと》

北《き》近《た》江《おうみ》の戦《せん》国《ごく》時《じ》代《だい》

北近江《きたおうみ》の戦国時代《せんごくじだい》は約《やく》１００年《ねん》の歴史《れきし》を刻《きざ》みました。文明《ぶんめい》２年《ねん》（１４７０）、北近江《きたおうみ》の守護《しゅご》であった京極《きょうごく》持清《もちきよ》が亡《な》くなると、湖北《こほく》では戦乱《せんらん》が繰《く》り返《かえ》されるようになります。戦国前半《せんごくぜんはん》の50年《ねん》は、戦乱《せんらん》が続《つづ》くなか坂田郡《さかたぐん》上平寺城《じょうへいじじょう》（米原市上平寺所在《まいばらしじょうへいじしょざい》）に城《しろ》を構《かま》えた守護《しゅご》京極《きょうごく》家《け》の高清《たかきよ》が、北近江《きたおうみ》を支配《しはい》しました。

ところが、戦国時代《せんごくじだい》のちょうど中頃《なかごろ》、大永《だいえい》３年《ねん》（１５２３）に「大吉寺梅本坊《だいきちじうめほんぼう》の公事《くじ》」という事件《じけん》が起《お》きます。この事件《じけん》の詳細《しょうさい》はまったく不明《ふめい》なのですが、京極高清《きょうごくたかきよ》の重臣《じゅうしん》であった上坂信光《こうざかのぶみつ》（家信《いえのぶ》の子《こ》）が大《おお》きな力《ちから》をふるったことに対《たい》する、他《た》の重臣《じゅうしん》ー浅見氏《あさみし》・浅井氏《あざいし》・三田村氏《みたむらし》・堀氏《ほりし》などのクーデターであったようです。京極氏《きょうごくし》はこの乱《らん》によって力《ちから》を失《うしな》いますが、この重臣連合《じゅうしんれんごう》のリーダーとして、頭角《とうかく》を現《あら》わしたのが浅井《あざい》亮政《すけまさ》でした。

▲大吉寺跡《だいきちじあと》にある源頼朝《みなもとのよりとも》の供養塔《くようとう》（長浜市野瀬町《ながはましのせちょう》）

▲京極氏《きょうごくし》が本城《ほんじょう》としていた上平寺城跡《じょうへいじじょうあと》（米原市上平寺《まいばらしじょうへいじ》）

▲居館部《きょかんぶ》に残《のこ》る上平寺跡《じょうへいじあと》の庭園跡《ていえんあと》

浅井氏《あざいし》の戦国大名《せんごくだいみょう》への道《みち》

浅井亮政《あざいすけまさ》の台頭《たいとう》

浅井氏《あざいし》は、浅井郡丁野《あざいぐんようの》（長浜市小谷丁野町《ながはましおだにようのちょう》）出身《しゅっしん》の京極氏《きょうごくし》の重臣《じゅうしん》でしたが、次第《しだい》に重臣連合《じゅうしんれんごう》のリーダーから、その上《うえ》に立《た》つ大名《だいみょう》へと変化《へんか》していきます。そして、小谷城《おだにじょう》を本拠《ほんきょ》とした戦国大名《せんごくだいみょう》となっていったのです。

ただ、浅井氏《あざいし》は最後《さいご》まで、守護京極氏《しゅごきょうごくし》の存在《そんざい》を否定《ひてい》できませんでした。

力《ちから》を失《うしな》った京極家《きょうごくけ》の当主《とうしゅ》・高広《たかひろ》（高清《たかきよ》の長男《ちょうなん》）を、湖北《こほく》の守護《しゅご》と認《みと》め、「御屋形様《おやかたさま》」と呼《よ》んで尊重《そんちょう》しつつ、実権《じっけん》は握《にぎ》っていったのです。

少々先《しょうしょうさき》の話《はなし》になりますが、この京極高広《きょうごくたかひろ》の甥《おい》に当《あ》たる人物《じんぶつ》が、浅井三姉妹《あざいさんしまい》の次女《じじょ》「初《はつ》」の夫《おっと》・京極高次《きょうごくたかつぐ》です。浅井氏《あざいし》の娘《むすめ》が京極氏《きょうごくし》に嫁《よめ》に入《はい》ったことは、単《たん》なる偶然《ぐうぜん》ではなく、背景《はいけい》にこのような歴史《れきし》があることを知《し》っておく必要《ひつよう》があるでしょう。

▲丁野岡本神社《ようのおかもとじんじゃ》にある浅井氏《あざいし》の祖先《そせん》といわれる三条公綱《さんじょうきみつな》お手植《てうえ》のイチョウ（長浜市小谷丁野町《ながはましおだにようのちょう》）

《佐々木氏《ささきし》・京極氏系図《きょうごくしけいず》》

- 宇多天皇《うだてんのう》—敦実親王《あつみしんのう》—雅信《まさのぶ》—扶義《すけのり》—成頼《なりより》—義経《よしつね》—経方《つねかた》—季定《すえさだ》—秀義《ひでよし》—定綱《さだつな》
  - 広綱《ひろつな》
  - 信綱《のぶつな》
    - (大原《おおはら》)重綱《しげつな》
    - (高島《たかしま》)高信《たかのぶ》
    - (六角《ろっかく》)泰綱《やすつな》
    - 京極氏信《きょうごくうじのぶ》—満信《みつのぶ》—宗氏《むねうじ》—高氏《たかうじ》(導誉《どうよ》)
      - 秀綱《ひでつな》[戦死《せんし》]
      - 秀宗《ひでむね》[戦死《せんし》]
      - 高秀《たかひで》—高詮《たかのり》
        - 高光《たかみつ》—持高《もちたか》
        - 高数《たかかず》—持清《もちきよ》(持高養子《もちたかようし》)
          - 勝秀《かつひで》
            - 孫童子《まごどうじ》(早世《そうせい》)
            - 高清《たかきよ》(持清養子《もちきようし》)
              - 高広《たかひろ》(高延《たかのぶ》・高明《たかあき》)
              - △高慶《たかよし》(高佳《たかよし》)
          - 政経《まさつね》—材宗《たねむね》
          - (黒田《くろだ》)政光《まさみつ》

《近世京極氏系図《きんせきょうごくしけいず》》

- 高清《たかきよ》—高峯《たかみね》—高秀《たかひで》—高吉《たかよし》△
  - 高次《たかつぐ》[若狭小浜《わかさおばま》]—忠高《ただたか》[出雲松江《いずもまつえ》]—高和《たかかず》[讃岐丸亀《さぬきまるがめ》]
    - 高豊《たかとよ》—高或《たかもち》
    - 高通《たかみち》[讃岐多度津《さぬきたどつ》]
  - 高知《たかとも》[丹後宮津《たんごみやづ》]
    - 高広《たかひろ》—高国《たかくに》[旗本《はたもと》]
    - 高三《たかみつ》[丹後田辺《たんごたなべ》・但馬豊岡《たじまとよおか》]
    - 高通《たかみち》[丹後峰山《たんごみねやま》]

△は同一人物と推定されている。

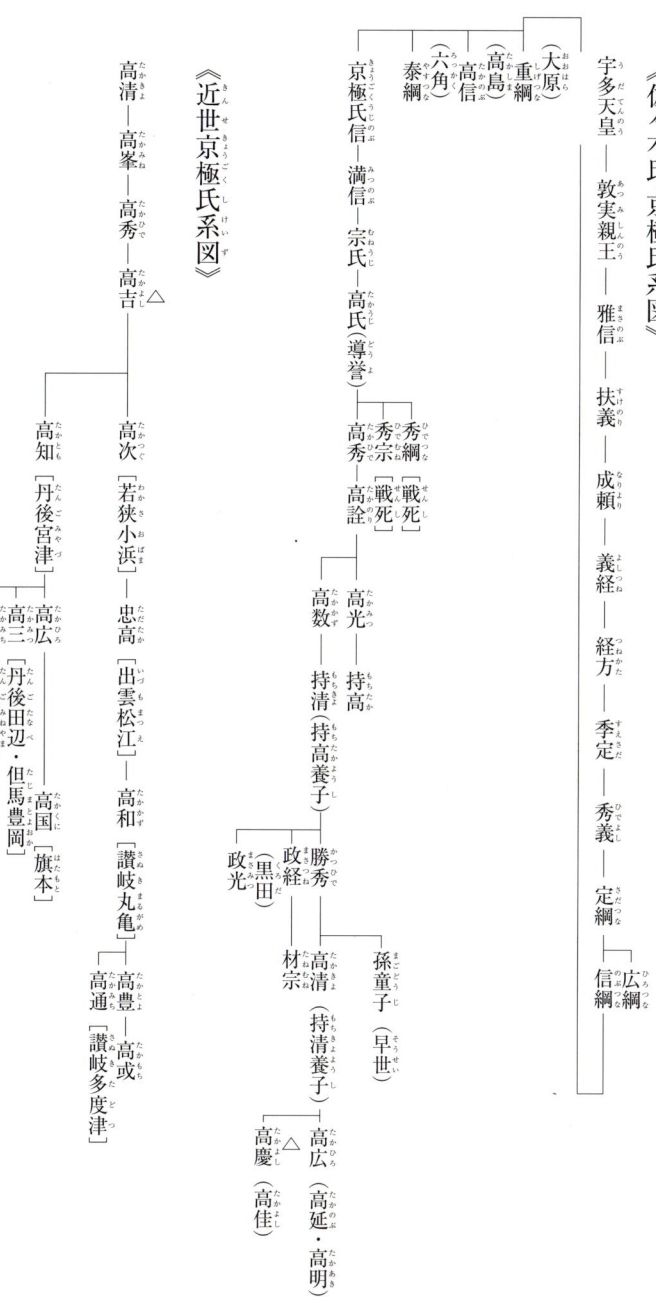

六角氏《ろっかくし》との戦《たたか》い

浅井亮政《あざいすけまさ》は、「大吉寺梅本坊《だいきちじうめほんぼう》の公事《くじ》」をきっかけとして、湖北支配《こほくしはい》の実権《じっけん》を握《にぎ》りましたが、大《おお》きな問題《もんだい》に直面《ちょくめん》していました。それは、南近江《みなみおうみ》を支配《しはい》する戦国大名《せんごくだいみょう》・六角高頼《ろっかくたかより》が、たえず北《きた》に攻《せ》め込《こ》み勢力《せいりょく》を拡大《かくだい》しようと、亮政《すけまさ》に戦《たたか》いを挑《いど》んできたからです。

亮政《すけまさ》は、この六角氏《ろっかくし》との戦《たたか》いに生涯悩《しょうがいなや》まされることになります。

六角氏《ろっかくし》との合戦《かっせん》は数度《すうど》に及《およ》びましたが、享禄元年《きょうろくがんねん》（1528）8月《がつ》の内保河原《うちぼがわら》（長浜市内保町《ながはましうちぼちょう》）の合戦《かっせん》や、享禄《きょうろく》4年《ねん》（1531）4月《がつ》の箕浦河原《みのうらがわら》（米原市箕《まいばらしみの》浦《うら》）の合戦《かっせん》、天文《てんもん》7年《ねん》（1538）9月《がつ》12日《にち》の国友河《くにともがわ》原《ら》（長浜市国友町《ながはましくにともちょう》）の合戦《かっせん》などが有名《ゆうめい》です。いずれも、浅井氏《あざいし》の軍勢《ぐんぜい》はよく戦《たたか》いましたが、六角氏《ろっかくし》の勢力《せいりょく》を完《かん》全《ぜん》に南《みなみ》に追《お》いやることはできませんでした。

そんな中《なか》、浅井亮政《あざいすけまさ》は天文《てんもん》3年《ねん》（1534）8月《がつ》20日《か》に、京極高広《きょうごくたかひろ》とその父親《ちちおや》・高清《たかきよ》を小谷城清水谷《おだにじょうきよみずだに》の館《やかた》に招《まね》いて宴《うたげ》を催《もよお》しました。

この宴《うたげ》は、浅井氏《あざいし》が京極氏《きょうごくし》の執政《しっせい》（主人《しゅじん》の代《か》わりに

▲京極親子《きょうごくおやこ》を招《まね》き宴《うたげ》を催《もよお》したとされる清水谷《きよみずだに》の御屋敷跡《おやしきあと》

▲小谷城御局屋敷跡《おだにじょうおつぼねやしきあと》

全権《ぜんけん》を握《にぎ》って政治《せいじ》を行《おこな》うもの）であり、湖北支配《こほくしはい》の実《じっ》権《けん》を掌握《しょうあく》していることを、内外《ないがい》にアピールする意味《いみ》があったと考《かんが》えられています。

浅井氏《あざいし》の政治《せいじ》が、守護《しゅご》である京極氏《きょうごくし》の承認《しょうにん》の基《もと》で、順調《じゅんちょう》に行《おこな》われていることを示《しめ》そうとしたのです。なお、この時《とき》の式次第《しきしだい》や料理献立《りょうりこんだて》が、江戸時代《えどじだい》に纏《まと》められた『群書類従《ぐんしょるいじゅう》』と呼《よ》ばれる史料集《しりょうしゅう》に収《おさ》められており、その内容《ないよう》をもとに、旧湖北町《きゅうこほくちょう》の料理職人《りょうりしょくにん》さんの手《て》で、戦《せん》国食《ごくしょく》の復元《ふくげん》が何回《なんかい》か行《おこな》われました。

▲明治時代《めいじじだい》に作成《さくせい》された小谷城絵図《おだにじょうえず》（長浜市長《ながはましなが》浜城歴史博物館蔵《はまじょうれきしはくぶつかんぞう》）

浅井久政《あざいひさまさ》の家督相続《かとくそうぞく》

天文《てんもん》11年《ねん》（1542）正月《しょうがつ》6日、浅井亮政《あざいすけまさ》が亡《な》くなります。次代《じだい》は亮政《すけまさ》とその側室《そくしつ》・寿松《じゅしょう》（尼子氏《あまごし》）の間《あいだ》に生《う》まれた久政《ひさまさ》が継《つ》ぐことになります。

この二代目《にだいめ》の久政《ひさまさ》の時代《じだい》は、前代《ぜんだい》の亮政《すけまさ》の時代《じだい》と異《こと》なり、六角氏《ろっかくし》に敵対《てきたい》することなく、事実上《じじつじょう》その家臣状《かしんじょう》態《たい》となって行動《こうどう》していました。その結果《けっか》、南《みなみ》との戦《たたか》いがない「平和《へいわ》」な時代《じだい》となります。

江戸《えど》時代《じだい》に浅井氏《あざいし》の興亡《こうぼう》を記《しる》した『浅井三代記《あざいさんだいき》』という軍記物語《ぐんきものがたり》があります。その中《なか》で、久政《ひさまさ》は亮政《すけまさ》とは異《こと》なり、非常《ひじょう》に軟弱《なんじゃく》な人物《じんぶつ》として描《えが》かれています。これは、六角氏《ろっかくし》との「平和《へいわ》」路線《ろせん》をとったことが、周囲《しゅうい》に外交的《がいこうてき》に無能《むのう》な当主《とうしゅ》という印象《いんしょう》を抱《いだ》かせてしまった結果《けっか》でしょう。

しかし、湖北《こほく》の村人《むらびと》たちにとって「平和《へいわ》」が続《つづ》く久《ひさ》政《まさ》の時代《じだい》がよかったか、「戦争《せんそう》」に明《あ》け暮《く》れた亮政《すけまさ》の時代《じだい》がよかったか、我々《われわれ》は十分考《じゅうぶんかんが》えてみる必要《ひつよう》があります。

久政《ひさまさ》の時代《じだい》には、高時川《たかときがわ》「餅《もち》の井《ゆ》」をめぐる裁定《さいてい》を行《おこな》うなど、村落《そんらく》向《む》けの命令《めいれい》が多《おお》く出《だ》されています。久《ひさ》政《まさ》が国内政治《こくないせいじ》に意《い》を尽《つ》くしていたことの表《あらわ》れでしょう。その正室《せいしつ》（長政生母《ながまさせいぼ》）が、伊香郡《いかぐん》の有力者《ゆうりょくしゃ》で高時《たかとき》川《がわ》の用水《ようすい》の管理者《かんりしゃ》であった井口氏《いのくちし》から出《で》ていることも、外交《がいこう》よりも内政重視《ないせいじゅうし》の姿勢《しせい》をよく示《しめ》しています。

▲昭和《しょうわ》47年《ねん》に完成《かんせい》した高時川合同井堰《たかときがわごうどういせき》（長浜市木之本町古橋《ながはましきのもとちょうふるはし》）。現在《げんざい》は「餅《もち》の井《ゆ》」もここから取水《しゅすい》している

三姉妹《さんしまい》の父《ちち》「浅井長政《あざいながまさ》」の戦《たたか》いと小谷城《おだにじょう》

浅井長政《あざいながまさ》の家督相続《かとくそうぞく》

永禄《えいろく》2年《ねん》（1559）正月《しょうがつ》、新九郎《しんくろう》と称《しょう》した後《のち》の浅井長政《あざいながまさ》が元服《げんぷく》します。

父《ちち》・久政《ひさまさ》の時代《じだい》から従《したが》っていた六角氏《ろっかくし》の当主《とうしゅ》・義賢《よしかた》（承禎《しょうてい》）から一字《いちじ》を得《え》て、長政《ながまさ》は最初《さいしょ》「賢政《かたまさ》」と名乗《なの》っていました。さらに、六角氏《ろっかくし》の家臣《かしん》である平井定武《ひらいさだたけ》の女《むすめ》を妻《つま》として迎《むか》えています。これは、父《ちち》・久政《ひさまさ》の意向《いこう》を受《う》けたもので、六角氏《ろっかくし》に従《したが》うことで浅井氏政権《あざいしせいけん》を保《たも》つ目的《もくてき》でした。

しかし、この時《とき》、浅井氏政権内《あざいしせいけんない》は二分《にぶん》していました。久政《ひさまさ》を支持《しじ》し六角氏《ろっかくし》に従《したが》うことで政権《せいけん》を保《たも》とうとするグループと、長政《ながまさ》を支持《しじ》し亮政《すけまさ》時代《じだい》に帰《かえ》って六角氏《ろっかくし》に敵対《てきたい》すべきとするグループがあったのです。

長政《ながまさ》の元服《げんぷく》は、後者《こうしゃ》を勢《いきお》いづかせました。同年《どうねん》4月《がつ》には平井定武《ひらいさだたけ》の女《むすめ》を親元《おやもと》へ還《かえ》して離縁《りえん》し、翌年《よくとし》の永禄《えいろく》3年《ねん》（1560）8月《がつ》に愛知郡野良田《えちぐんのらだ》（彦根市《ひこねし》）で六角氏《ろっかくし》と合戦《かっせん》、浅井氏《あざいし》は歴史的《れきしてき》な勝利《しょうり》をあげています。この前後《ぜんご》に、久政《ひさまさ》が引退《いんたい》し長政《ながまさ》が家督《かとく》を相続《そうぞく》しました。

これら一連《いちれん》の動《うご》きは、浅井久政《あざいひさまさ》が六角氏《ろっかくし》に従《したが》うことを批判《ひはん》しつつ、長政《ながまさ》を当主《とうしゅ》に担《かつ》ぐグループの台頭《たいとう》を意味《いみ》していました。ここに、浅井氏《あざいし》は六角氏《ろっかくし》と戦闘《せんとう》を行《おこな》いながら自《みずか》らの領地《りょうち》を守《まも》るという、亮政《すけまさ》時代《じだい》の政策《せいさく》に帰《かえ》ることになったのです。

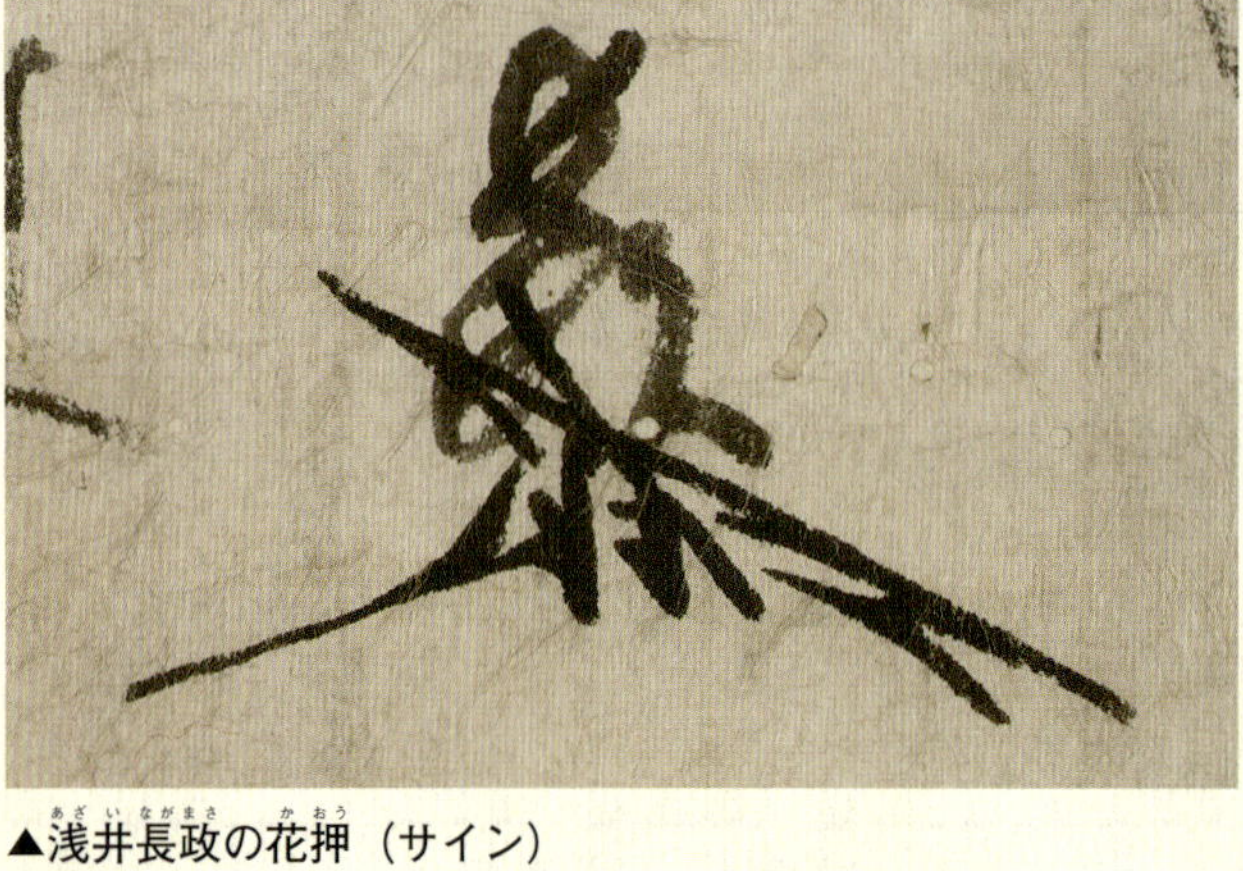

▲浅井長政《あざいながまさ》の花押《かおう》（サイン）

▲浅井《あざい》長政《ながまさ》像《ぞう》（長浜市《ながはまし》長浜城《ながはまじょう》歴史《れきし》博物館《はくぶつかん》蔵《ぞう》）

浅井氏《あざいし》と織田氏《おだし》の同盟《どうめい》

永禄《えいろく》4年《ねん》（1561）5月頃《がつごろ》、浅井賢政《あざいかたまさ》は「長政《ながまさ》」と名《な》を改《あらた》めました。「賢《かた》」の字《じ》は、六角義賢《ろっかくよしかた》から一字《いちじ》賜《たまわ》ったものでしたが、「長《なが》」は織田信長《おだのぶなが》の一字《いちじ》と解《かい》すことができます。

浅井長政《あざいながまさ》の改名《かいめい》は、長政《ながまさ》と信長《のぶなが》の妹《いもうと》「市《いち》」との結婚《けっこん》、すなわち浅井《あざい》―織田同盟《おだどうめい》の成立《せいりつ》による改名《かいめい》であったと考《かんが》えることができます〈長政《ながまさ》と「市《いち》」の結婚《けっこん》については、永禄《えいろく》7年《ねん》（1564）とする説《せつ》や、永禄《えいろく》11年《ねん》（1568）とする説《せつ》もあり、大河《たいが》ドラマ「江《ごう》」では永禄《えいろく》11年説《ねんせつ》を採用《さいよう》しています〉。

この永禄《えいろく》4年《ねん》という年《とし》は、浅井氏《あざいし》や織田氏《おだし》にとって、新《あら》たな勢力《せいりょく》との同盟《どうめい》が必要《ひつよう》な時期《じき》でした。この時期《じき》、浅井氏《あざいし》は六角氏《ろっかくし》から離《はな》れ、美濃斎藤氏《みののさいとうし》とも対立《たいりつ》することになっていたのです。

六角氏《ろっかくし》に代《か》わる勢力《せいりょく》との同盟《どうめい》は、急《いそ》ぐべき課題《かだい》でした。他方《たほう》、織田信長《おだのぶなが》も前年《ぜんねん》から行《おこな》っていた美濃《みの》攻《ぜ》めを本格的《ほんかくてき》に始《はじ》めていました。5月《がつ》に斎藤義龍《さいとうよしたつ》が急《きゅう》に亡《な》くなり、その後《あと》を幼少《ようしょう》の龍興《たつおき》が継《つ》いだ混乱《こんらん》を突《つ》いたもの

▲JR河毛駅前《かわけえきまえ》の長政《ながまさ》と「市《いち》」の像《ぞう》

でした。美濃《みの》を攻《せ》めるためには、同《おな》じく美濃《みの》を敵《てき》にもち、その背後《はいご》を突《つ》くことができる浅井氏《あざいし》と同盟《どうめい》を結《むす》ぶのが、最善《さいぜん》と信長《のぶなが》は判断《はんだん》したのです。

「市《いち》」の輿入《こしい》れの時期《じき》は諸説《しょせつ》ありますが、永禄《えいろく》4年《ねん》とすれば最《もっと》もよく浅井《あざい》―織田《おだ》同盟《どうめい》の意味《いみ》を理解《りかい》できるのです。

▲六角氏《ろっかくし》の居城《きょじょう》、堅牢《けんろう》な山城《やまじろ》であった観音寺城跡《かんのんじじょうあと》

竹生島攻撃《ちくぶしまこうげき》（佐々木洋一画《ささきよういちが》）

元亀《げんき》3年《ねん》（1572）7月《がつ》24日《か》、浅井長政《あざいながまさ》と戦《たたか》っていた織田信《おだのぶ》長《なが》は草野谷《くさのだに》の大吉寺《だいきちじ》と共《とも》に、竹生島《ちくぶしま》の攻撃《こうげき》を明智光秀《あけちみつひで》や堅田《かたた》の地侍《じざむらい》たちに命《めい》じた。竹生島《ちくぶしま》は当時《とうじ》、比叡山《ひえいざん》の影響下《えいきょうか》にあり浅井氏側《あざいしがわ》として信長《のぶなが》と敵対《できたい》していた。この図《ず》は光秀率《みつひでひき》いる織《お》田方《だがた》の水軍《すいぐん》が、竹生島《ちくぶしま》を砲撃《ほうげき》している状況《じょうきょう》を再現《さいげん》したもの。光秀《みつひで》らが乗《の》る丸子船《まるこぶね》を改良《かいりょう》した船《ふね》は、安宅船《あたけぶね》と称《しょう》される当時《とうじ》の軍船《ぐんせん》である。

浅井氏《あざいし》の勢力拡大《せいりょくかくだい》

永禄《えいろく》6年《ねん》（1563）、六角義弼《ろっかくよしすけ》（義賢《よしかた》の子《こ》）は、突然《とつぜん》その家臣《かしん》後藤賢豊親子《ごとうかたとよおやこ》を、観音寺城《かんのんじじょう》で殺害《さつがい》しました。世《よ》に言《い》う観音寺騒動《かんのんじそうどう》です。

これにより、従来《じゅうらい》からくすぶっていた六角家中《ろっかくかちゅう》の当《とう》主《しゅ》と家臣団《かしんだん》の対立《たいりつ》が表面化《ひょうめんか》し、六角氏《ろっかくし》の力《ちから》は大《おお》きく低《てい》下《か》していきます。これに対《たい》し浅井氏《あざいし》は、観音寺騒動《かんのんじそうどう》に際《さい》して愛知郡《えちぐん》まで兵《へい》を出《だ》し、湖東地域《ことうちいき》にもその勢力《せいりょく》を伸《の》ばしました。さらに、翌年《よくとし》には初《はじ》めて湖西高島郡内《こせいたかしまぐんない》で領地《りょうち》を家臣《かしん》に与《あた》えています。

永禄《えいろく》11年《ねん》（1568）2月《がつ》には、甲賀山中氏《こうかやまなかし》と同盟《どうめい》を結《むす》び、同年《どうねん》11月《がつ》には誓紙《せいし》を高島郡《たかしまぐん》の朽木氏《くつきし》に送《おく》り、朽木氏《くつきし》の領地《りょうち》を侵《おか》さないことを約束《やくそく》しています。このような本来《ほんらい》の領国《りょうごく》である湖北三郡《こほくさんぐん》をはるかに超《こ》えた勢《せい》力《りょく》との連携《れんけい》から、浅井氏《あざいし》勢力《せいりょく》が六角氏領国《ろっかくしりょうごく》を大《おお》きく侵《しん》食《しょく》していったことを読《よ》み取《と》ることができます。この永《えい》禄末年《ろくまつねん》が、浅井氏《あざいし》の最盛期《さいせいき》と考《かんが》えられるのです。

▲亮政《すけまさ》の時代《じだい》より信仰《しんこう》されたという小谷寺《おだにじ》

▲一乗谷朝倉氏遺跡《いちじょうだにあさくらしいせき》にある朝倉氏館跡《あさくらしやかたあと》の唐門《からもん》（福井市《ふくいし》）

信長《のぶなが》の近江侵攻《おうみしんこう》

浅井氏《あざいし》の全盛《ぜんせい》は、上洛《じょうらく》を果《は》たした織田信長《おだのぶなが》が、元亀《げんき》元年《がんねん》（1570）4月《がつ》に越前朝倉氏《えちぜんあさくらし》を攻《せ》めたことで一転《いってん》しました。浅井氏《あざいし》は織田氏《おだし》との同盟《どうめい》よりも、越前朝倉氏《えちぜんあさくらし》をはじめとする反信長勢力《はんのぶながせいりょく》と同盟《どうめい》を結《むす》ぶ方《ほう》が得《とく》だと判断《はんだん》し、信長《のぶなが》と戦《たたか》うことになるのです。この信長包囲網《のぶながほういもう》は、その後本願寺《ごほんがんじ》や武田信玄《たけだしんげん》も加《くわ》わり、大《おお》きく発展《はってん》していきます。

信長《のぶなが》は朝倉攻《あさくらぜ》めのため、越前敦賀《えちぜんつるが》付近《ふきん》まで進軍《しんぐん》していましたが、長政《ながまさ》の謀反《むほん》を聞《き》き、大慌《おおあわ》てで朽木谷《くつきだに》を経《へ》て京都《きょうと》まで逃《のが》れました。その後《ご》、信長《のぶなが》は体制《たいせい》を整《ととの》え、6月《がつ》には湖北《こほく》に出陣《しゅつじん》、徳川家康《とくがわいえやす》も信長《のぶなが》の味方《みかた》にまわったのです。

6月《がつ》28日《にち》、浅井《あざい》・朝倉《あさくら》の連合軍《れんごうぐん》は、織田《おだ》・徳川連合軍《とくがわれんごうぐん》と姉川《あねがわ》で戦《たたか》いましたが、勝利《しょうり》を得《え》るには至《いた》りませんでした。

一般《いっぱん》に、浅井《あざい》・朝倉軍《あさくらぐん》は姉川合戦《あねかわかっせん》において「大敗《たいはい》」したと言《い》われています。しかし、その年《とし》の「志賀《しが》の陣《じん》」の状況《じょうきょう》、さらには両氏《りょうし》の滅亡《めつぼう》まで3年《ねん》もかかった

▲浅井長政《あざいながまさ》と織田信長《おだのぶなが》が向《む》かい合《あ》った姉川合戦場跡《あねがわかっせんじょうあと》

事実《じじつ》を見《み》れば、「大敗《たいはい》」との表現《ひょうげん》は改《あらた》めるべきだと考《かんが》えています。

他方《たほう》、優勢《ゆうせい》に立《た》った信長《のぶなが》ですが、小谷城《おだにじょう》を力攻《ちからぜ》めすることを避《さ》け、横山城《よこやまじょう》（長浜市《ながはまし》と米原市《まいばらし》の境《さかい》にある）に木下秀吉《きのしたひでよし》を置《お》き、長期戦《ちょうきせん》で浅井氏《あざいしぜ》攻めを行《おこな》うことを決断《けつだん》します。

同年《どうねん》9月《がつ》から年末《ねんまつ》にかけて、浅井《あざい》・朝倉軍《あさくらぐん》は坂本《さかもと》や比叡山上《ひえいさんじょう》まで南下《なんか》、「志賀《しが》の陣《じん》」が行《おこな》われます。浅井《あざい》・朝倉《あさくら》に加《くわ》え、三好三人衆《みよしさんにんしゅう》や六角氏《ろっかくし》、それに大坂本願寺《おおさかほんがんじ》により信長包囲網《のぶながほういもう》が形成《けいせい》され、摂津《せっつ》に出陣《しゅつじん》していた信長《のぶなが》を大《おお》いに悩《なや》ませました。しかし、信長《のぶなが》は朝廷《ちょうてい》や将軍《しょうぐん》を巧《たく》みにあやつり、浅井《あざい》・朝倉軍《あさくらぐん》との和議締結《わぎていけつ》に成功《せいこう》するのです。

織田軍《おだぐん》はその後《あと》も、度々《たびたび》湖北地域《こほくちいき》を攻《せ》めたので、戦《たたか》いが行《おこな》われる場所《ばしょ》は次第《しだい》に小谷城周辺《おだにじょうしゅうへん》に狭《せば》まっていきます。翌年《よくとし》2月《がつ》24日《か》には、姉川合戦後《あねがわかっせんご》から佐和山城《さわやまじょう》に籠城《ろうじょう》していた磯野員昌《いそのかずまさ》が、信長側《のぶながかわ》に降伏《こうふく》し城《しろ》を出《で》るなど、浅井氏家臣《あざいしかしん》たちも次々《つぎつぎ》と織田側《おだがわ》に降伏《こうふく》していきました。

浅井氏《あざいし》の滅亡《めつぼう》と浅井三姉妹《あざいさんしまい》

小谷落城《おだにらくじょう》

元亀《げんき》3年《ねん》（1572）8月《がつ》、信長《のぶなが》は小谷城《おだにじょう》が前《まえ》にそびえる虎御前山《とらごぜんやま》に本陣《ほんじん》を置《お》くことに成功《せいこう》、浅井親子《あざいおやこ》を小谷城《おだにじょう》に封《ふう》じ込《こ》めました。

翌年《よくとし》、天正元年《てんしょうがんねん》（1573）8月《がつ》には山本山城《やまもとやまじょう》の阿《あ》閉貞征《つじさだゆき》や、小谷城焼尾《おだにじょうやけお》を守備《しゅび》していた浅見対馬守《あさみつしまのかみ》らの重臣《じゅうしん》が次々《つぎつぎ》と降伏《こうふく》、援軍《えんぐん》に来《き》ていた朝倉義景《あさくらよしかげ》の軍隊《ぐんたい》も退却《たいきゃく》してしまいます。

同月《どうげつ》の末《すえ》、織田軍《おだぐん》は孤立無援《こりつむえん》となった小谷城《おだにじょう》に総攻《そうこう》撃《げき》を始《はじ》め、浅井久政《あざいひさまさ》に続《つづ》いて長政《ながまさ》が9月1日《がつついたち》に自刃《じじん》、浅井三代《あざいさんだい》・約《やく》50年《ねん》の歴史《れきし》に幕《まく》を閉《と》じました。

初代亮政《しょだいすけまさ》の時代《じだい》には守護京極氏《しゅごきょうごくし》の傘下《さんか》にありながら実権《じっけん》を握《にぎ》り、二代久政《にだいひさまさ》の時代《じだい》には六角氏《ろっかくし》を頼《たよ》り、そして三代長政《さんだいながまさ》の時代《じだい》には織田氏《おだし》と同盟《どうめい》を結《むす》び、他国《たこく》との同盟関係《どうめいかんけい》を利用《りよう》して、政権《せいけん》を維持《いじ》してきた浅井氏《あざいし》でしたが、信長《のぶなが》からの離反《りはん》は決定的《けっていてき》な判断《はんだん》ミスでした。しかし、浅井長政《あざいながまさ》と「市《いち》」との間《あいだ》に生《う》まれた3人《にん》の娘《むすめ》は、それぞれ豊臣秀吉室《とよとみひでよししつ》（淀《よど》）、京極高次室《きょうごくたかつぐしつ》（初《はつ》、常高院《じょうこういん》）、二代将軍《にだいしょうぐん》の徳川秀忠室《とくがわひでただしつ》（江《ごう》、崇源院《すうげんいん》）となり、江戸初期《えどしょき》の日本《にっぽん》の歴史《れきし》に大《おお》きな足跡《あしあと》を残《のこ》していきます。

▲常《つね》に花《はな》が供《そな》えられている長政自刃《ながまさじじん》の地《ち》

▲姉川《あねがわ》野村橋《のむらばし》の北《きた》にたつ「姉川戦死者之碑《あねがわせんししゃのひ》」

三姉妹《さんしまい》の出生《しゅっしょう》

三姉妹《さんしまい》は、いずれも戦国大名浅井氏《せんごくだいみょうあざいし》の本拠《ほんきょ》・小谷城《おだにじょう》で生《う》まれました。長女《ちょうじょ》の「茶々《ちゃちゃ》」（後《のち》の「淀《よど》」）は、通《つう》説《せつ》によれば永禄《えいろく》10年《ねん》（1567）の生《う》まれとされていますが、最近《さいきん》は永禄《えいろく》12年《ねん》（1569）生《う》まれとする説《せつ》が有力《ゆうりょく》となっています。次女《じじょ》の「初《はつ》」（後《のち》の常高院《じょうこういん》）は、元亀元年《げんきがんねん》（1570）の生《う》まれで、長政《ながまさ》が信長《のぶなが》と戦《たたか》った姉川合戦《あねがわかっせん》の年《とし》に当《あ》たります。三女《さんじょ》の「江《ごう》」（後《のち》の崇《すう》源院《げんいん》）は、元亀《げんき》4年《ねん》（1573）の生《う》まれ。長政《ながまさ》が29

▲本丸跡《ほんまるあと》から見《み》た大広間跡《おおひろまあと》

▲浅井長政一家《あざいながまさいっか》の像《ぞう》（長浜市浅井支所前《ながはましあざいししょまえ》）

歳《さい》で小谷城《おだにじょう》において自刃《じじん》した年《とし》のことです。

彼女《かのじょ》らが生《う》まれ、生活《せいかつ》していた場《ば》が、小谷城《おだにじょう》の山上《さんじょう》、本丸下《ほんまるした》の大広間《おおひろま》であったか、麓《ふもと》の清水谷奥《きよみずだにおく》の屋敷《やしき》であったかは、研究者《けんきゅうしゃ》によって見解《けんかい》が分《わ》かれています。戦国大名《せんごくだいみょう》の常時《じょうじ》の屋敷《やしき》は平地《へいち》にあるのが普通《ふつう》ですので、小谷城《おだにじょう》の場合《ばあい》も同《おな》じであったと考《かんが》えることができます。ただ、山上《さんじょう》の大広間《おおひろま》からは鏡《かがみ》など生活《せいかつ》の跡《あと》を示《しめ》す遺物《いぶつ》が多《おお》く発掘《はっくつ》されており、山上《さんじょう》であったと指摘《してき》する研究者《けんきゅうしゃ》の根拠《こんきょ》となっています。もっとも、「江《ごう》」が生《う》まれた元亀《げんき》4年《ねん》（1573）には、信長《のぶなが》との戦闘《せんとう》により、麓《ふもと》の清水谷《きよみずだに》は居住《きょじゅう》できる状況《じょうきょう》ではなく、三女《さんじょ》「江《ごう》」の出生《しゅっせい》は確実《かくじつ》に大広間《おおひろま》であったと考《かんが》えられます。9月1日《がっついたち》の落城当日《らくじょうとうじつ》も、「市《いち》」と三姉妹《さんしまい》は、この山上《さんじょう》の大広間《おおひろま》にいたと考《かんが》えてよいでしょう。

小谷城脱出《おだにじょうだっしゅつ》の道《みち》

小谷落城《おだにらくじょう》の時《とき》、「茶々《ちゃちゃ》」は5歳《さい》、「初《はつ》」は4歳《さい》、「江《ごう》」は1歳《さい》の乳飲《ちの》み子《こ》でした。信長《のぶなが》が派遣《はけん》した兵《へい》に導《みちび》かれ、長政《ながまさ》の許《もと》から「市《いち》」と三姉妹《さんしまい》が脱出《だっしゅつ》したこと

▲小谷城清水谷《おだにじょうきよみずだに》の大野土佐守《おおのとさのかみ》の屋敷跡《やしきあと》。清水谷《きよみずだに》には浅井氏屋敷《あざいしやしき》の他《ほか》、家臣《かしん》の屋敷《やしき》も多《おお》くあった

は有名《ゆうめい》な話《はなし》ですが、その具体的《ぐたいてき》な様子《ようす》を記《しる》した、確《たし》かな史料《しりょう》は何《なに》も残《のこ》っていません。ただ、旧浅井町田根地《きゅうあざいちょうたねち》区《く》（長浜市田根小学校区《ながはましたねしょうがっこうく》）には、「こじき坂《ざか》」と呼《よ》ばれる所《ところ》があり、池奥集落《いけおくしゅうらく》から北野集落《きたのしゅうらく》の間《あいだ》にあるこの坂《さか》で、「市《いち》」と三姉妹《さんしまい》の着物《きもの》を、逃走《とうそう》しやすいように野良着《のらぎ》に着替《きが》えさせたという伝承《でんしょう》があります。

また、北野集落《きたのしゅうらく》の南《みなみ》には、三姉妹《さんしまい》に従《したが》った侍女《じじょ》の墓《はか》と言《い》われる五輪塔《ごりんとう》（風空輪《ふうくうりん》が破損《はそん》・欠落《けつらく》）が現存《げんそん》しています。この五輪塔《ごりんとう》には、元亀《げんき》4年《ねん》（1573）4月《がつ》4日《か》と小谷落城《おだにらくじょう》以前《いぜん》の年号《ねんごう》が記《しる》されていますが、『淡海木間攫《おうみこまざらえ》』という江戸時代《えどじだい》の地誌《ちし》には、「浅井長政北《あざいながまさきた》ノ方《かた》ノ墓《はか》ナリ」と記《しる》されており（「北《きた》ノ方《かた》」は大名《だいみょう》の正室《せいしつ》のこと）、古《ふる》くから浅井氏《あざいし》との関連《かんれん》が指摘《してき》されている墓《はか》なのです。この状況《じょうきょう》から、「市《いち》」と浅井三姉妹《あざいさんしまい》は小谷城正面《おだにじょうしょうめん》ではなく、月所丸《げっしょまる》から続《つづ》く田根地区《たねちく》に搦手《からめて》（裏手《うらて》）から脱出《だっしゅつ》した可能性《かのうせい》が高《たか》いと言えるでしょう。

▲三姉妹《さんしまい》に付《つ》き添《そ》っていた侍女《じじょ》の墓《はか》（長浜市北野町《ながはましきたのちょう》）

▲小谷城《おだにじょう》の北《きた》を守《まも》り、三姉妹《さんしまい》が脱出《だっしゅつ》した経路《けいろ》と推定《すいてい》とされる月所丸《げっしょまる》

小谷落城《おだにらくじょう》（佐々木洋一《ささきよういち》画《が》）

天正元年《てんしょうがんねん》（1573）９月１日《がつついたち》、木下秀吉《きのしたひでよし》を先鋒《せんぽう》とする織田信長《おだのぶなが》軍《ぐん》に攻撃《こうげき》され、戦国大名浅井氏《せんごくだいみょうあざいし》の居城《きょじょう》小谷《おだに》は落城《らくじょう》する。浅井氏三代目《あざいしさんだいめ》の浅井長政《あざいながまさ》は自害《じがい》し、29歳《さい》の生涯《しょうがい》を閉《と》じる。長政《ながまさ》の妻《つま》・市《いち》は城内《じょうない》に留《とど》まり、共《とも》に自害《じがい》することを望《のぞ》んだが、長政《ながまさ》から幼《おさな》い三姉妹《さんしまい》の養育《よういく》をするよう頼《たの》まれ、城外《じょうがい》に逃《のが》れたという。このシーンは赤尾屋敷《あかおやしき》に切腹《せっぷく》に向《む》かう長政《ながまさ》を、大広間下《おおひろました》で見送《みおく》る市《いち》・三姉妹《さんしまい》の姿《すがた》を再現《さいげん》したもの。この時《とき》、三姉妹《さんしまい》の年齢《ねんれい》は、茶々《ちゃちゃ》５歳《さい》、初《はつ》４歳《さい》、江《ごう》１歳《さい》であった。

小谷落城後《おだにらくじょうご》の居場所《いばしょ》

また、小谷退去後《おだにたいきょご》、この親子《おやこ》がどこで生活《せいかつ》していたかについても、確実《かくじつ》な史料《しりょう》は何《なに》もないのが実情《じつじょう》です。その中《なか》で、貞享《じょうきょう》2年《ねん》（1685）頃《ころ》の成立《せいりつ》とされる軍《ぐん》記物《きもの》の一《ひと》つで、織田信長《おだのぶなが》の伝記《でんき》として知《し》られる『総見《そうけん》記《き》』は、小谷城《おだにじょう》を退去《たいきょ》した「市《いち》」と三姉妹《さんしまい》を預《あず》かったのは、北伊勢《きたいせ》の上野城《うえのじょう》（三重県津市所在《みえけんつししょざい》）の城主《じょうしゅ》織田《おだ》信包《のぶかね》だと記《しる》しています。信包《のぶかね》は信長《のぶなが》の弟《おとうと》でした。その後《ご》、彼女《かのじょ》らは信長《のぶなが》の旧城《きゅうじょう》である清洲《きよす》に移《うつ》されたと記《しる》されています。

他方《たほう》、浅井三代《あざいさんだい》の歴史《れきし》を描《えが》いた軍記物《ぐんきもの》として著名《ちょめい》な『浅井三代記《あざいさんだいき》』は、長政《ながまさ》が「姫君《ひめぎみ》」3人《にん》と「市《いち》」を、家臣藤懸永勝《かしんふじかけながかつ》を添《そ》えて信長《のぶなが》の許《もと》へ送《おく》り、信長《のぶなが》は彼女《かのじょ》らを織田信《おだのぶ》包《かね》に預《あず》けたと記《しる》しています。つまり、織田信包《おだのぶかね》が三姉妹《さんしまい》を預《あず》かったという内容《ないよう》は、『総見記《そうけんき》』と記《き》述《じゅつ》が一致《いっち》するのです。これら江戸時代《えどじだい》の書物《しょもつ》の説《せつ》をとって、最初《さいしょ》は伊勢国上野城《いせのくにうえのじょう》、やがては尾張国清洲城《おわりのくにきよすじょう》へ移《うつ》されたというのが、小谷落城後《おだにらくじょうご》の「市《いち》」と娘《むすめ》たちの生活場所《せいかつばしょ》についての通説《つうせつ》となっています。

▲信長《のぶなが》の弟《おとうと》・信包《のぶかね》の居城《きょじょう》、伊勢上野城跡《いせうえのじょうあと》（三重県津市《みえけんつし》）

▲伊勢《いせ》上野《うえの》城《じょう》主郭《しゅかく》の北西隅《ほくせいすみ》の櫓台《やぐらだい》に立《た》つ展望台《てんぼうだい》

▲茶々《ちゃちゃ》（淀《よど》）が寄進《きしん》したと伝《つた》わる昌安見久尼《しょうあんけんきゅうに》の木像《もくぞう》

▲静《しず》かな集落《しゅうらく》の中《なか》にある実宰院《じっさいいん》（長浜市平塚町《ながはましひらつかちょう》）

実宰院《じっさいいん》の伝承《でんしょう》

小谷落城後《おだにらくじょうご》の「市《いち》」と三姉妹《さんしまい》については、伊勢上野城《いせうえのじょう》へ逃《のが》れたというのが通説《つうせつ》ですが、北近江《きたおうみ》にはそれとは相違《そうい》する伝承《でんしょう》が伝《つた》わります。

小谷城《おだにじょう》の南東《なんとう》に当《あ》たる長浜市平塚町《ながはましひらつかちょう》にある実宰院《じっさいいん》は、浅井長政《あざいながまさ》の姉《あね》である実宰院昌安見久尼《じっさいいんしょうあんけんきゅうに》が中興《ちゅうこう》した寺院《じいん》として知《し》られます。当院《とういん》にある位牌《いはい》によれば、見久尼《けんきゅうに》は天正《てんしょう》13年《ねん》（1585）に49歳《さい》で死去《しきょ》したとありますが、逆算《ぎゃくさん》すると天文《てんぶん》6年《ねん》（1537）の生《う》まれになります。長政《ながまさ》は天文《てんぶん》14年《ねん》（1545）の生《う》まれですから、確《たし》かに長政《ながまさ》の姉《あね》となります。身《み》の丈《たけ》5尺《しゃく》8寸《すん》（約《やく》176センチ）、目方《めかた》は28貫《かん》（約《やく》105キロ）の非常《ひじょう》に大柄《おおがら》な女性《じょせい》であったと伝《つた》えられています。

寺伝《じでん》によれば、落城《らくじょう》に際《さい》して浅井長政《あざいながまさ》は、姉《あね》の見久尼《けんきゅうに》に三姉妹《さんしまい》の養育《よういく》を依頼《いらい》し、尼《あま》は無事《ぶじ》にこの平塚《ひらつか》の地《ち》で三姉妹《さんしまい》を養育《よういく》したと言《い》われます。落城当時《らくじょうとうじ》、信長軍《のぶながぐん》が残党《ざんとう》狩《が》りにこの寺《てら》にやってきましたが、尼《あま》は咄嗟《とっさ》に2反《たん》の布《ぬの》でつくられた法衣《ほうえ》の袖《そで》に三姉妹《さんしまい》を隠《かく》し、難《なん》を逃《のが》れたとい

▲浅井歴史民俗資料館《あざいれきしみんぞくしりょうかん》にある見久尼《けんきゅうに》の伝承《でんしょう》を再現《さいげん》したジオラマ

う話《はなし》も伝《つた》わっています。実宰院《じっさいいん》には「淀《よど》」によって寄進《きしん》されたという見久尼《けんきゅうに》の木像《もくぞう》が、今《いま》も本堂《ほんどう》に安置《あんち》されています。

伝承《でんしょう》を裏付《うらづ》ける文書《もんじょ》

この見久尼《けんきゅうに》をめぐる伝説《でんせつ》を、間接的《かんせつてき》に裏付《うらづ》ける文書《もんじょ》が寺《てら》に残《のこ》っています。慶長《けいちょう》2年《ねん》（1597）5月《がつ》1日《ついたち》の豊《とよ》臣《とみ》家《け》四奉行連署状《よんぶぎょうれんしょじょう》です。

長束正家《なつかまさいえ》・増田長盛《ましたながもり》・浅野長政《あさのながまさ》・前田玄以《まえだげんい》の四奉行《よんぶぎょう》が連署《れんしょ》して、実宰庵《じっさいあん》（当寺《とうじ》は院号《いんごう》は持《も》っていなかった）の跡目《あとめ》については、現在《げんざい》の住持尼《じゅうじに》の望《のぞ》み次第《しだい》とすることを、秀吉《ひでよし》の許可《きょか》を得《え》た上《うえ》で伝《つた》えたものです。

宛名《あてな》は長政《ながまさ》の次女《じじょ》「初《はつ》」の夫《おっと》である京極高次《きょうごくたかつぐ》になっています。本書《ほんしょ》からは秀吉《ひでよし》死去《しきょ》の前年《ぜんねん》に、京極高次《きょうごくたかつぐ》がこの寺《てら》の運営《うんえい》に大《おお》きく関《かか》わっていたこと、さらにはその住持《じゅうじ》について秀吉《ひでよし》に報告《ほうこく》することが必要《ひつよう》な程《ほど》、豊臣家《とよとみけ》と実宰《じっさい》庵《あん》が深《ふか》い関係《かんけい》にあったことを示《しめ》しています。

つまり、この文書《もんじょ》は京極家《きょうごくけ》に入《はい》った「初《はつ》」、それに豊《とよ》臣秀吉《とみひでよし》の妻《つま》となった「淀《よど》」と、この寺《てら》が「ただならぬ関《かん》

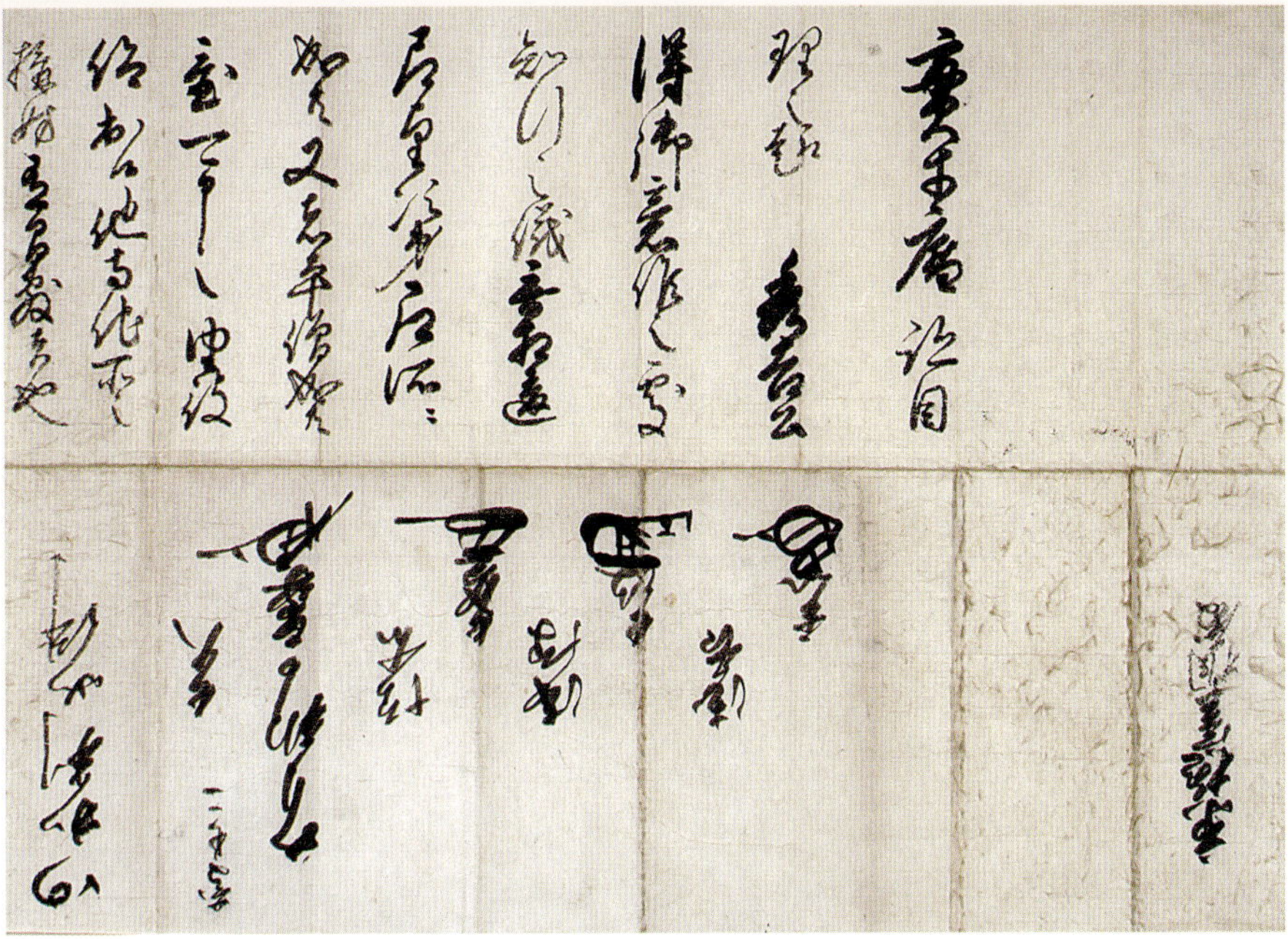

▲豊臣家《とよとみけ》と実宰庵《じっさいあん》が深《ふか》い関係《かんけい》にあったことを示《しめ》す豊臣家四奉行連署状《とよとみけよんぶぎょうれんしょじょう》（実宰院蔵《じっさいいんぞう》）

係《けい》」にあったことを示《しめ》しているのです。

単《たん》に三姉妹《さんしまい》の伯母《おば》・見久尼《けんきゅうに》が入《はい》った寺《てら》というだけでなく、三姉妹《さんしまい》や「市《いち》」も一時期《いちじき》は身《み》を寄《よ》せていたからこそ、この豊臣家四奉行連署状《とよとみけよんぶぎょうれんしょじょう》が出《だ》されたと考《かんが》えたいのです。

この他《ほか》、豊臣秀吉《とよとみひでよし》は関白《かんぱく》になった後《あと》の天正《てんしょう》19年《ねん》（1591）4月《がつ》23日《にち》、実宰庵《じっさいあん》に50石《こく》の土地《とち》を寄進《きしん》する朱《しゅ》印状《いんじょう》を出《だ》しています。この土地《とち》は江戸時代《えどじだい》には、秀吉《ひでよし》の朱印状《しゅいんじょう》によって保証《ほしょう》された領地《りょうち》なので、「朱印地《しゅいんち》」と呼《よ》ばれ、実宰庵《じっさいあん》の経営《けいえい》の基本《きほん》となる所領《しょりょう》となりました。秀吉《ひでよし》が同庵《どうあん》に土地《とち》を寄進《きしん》したこと自体《じたい》、この寺《てら》と三姉妹《さんしまい》の縁《えん》者《じゃ》である秀吉《ひでよし》が深《ふか》い関係《かんけい》にあったことを類推《るいすい》させます。

なお、「市《いち》」が柴田勝家《しばたかついえ》と共《とも》に北庄城《きたのしょうじょう》で自害《じがい》した後《あと》、身《み》寄《よ》りがいなくなった三姉妹《さんしまい》をしばらく預《あず》かったのも、この見久尼《けんきゅうに》だったという伝《つた》えもあります。

「市《いち》」の再嫁《さいか》と北庄《きたのしょう》落城《らくじょう》

賤ヶ岳合戦《しずがたけかっせん》

「市《いち》」は清洲会議《きよすかいぎ》の直後《ちょくご》に、信長三男《のぶながさんなん》の信孝《のぶたか》の仲介《ちゅうかい》により、柴田勝家《しばたかついえ》に再嫁《さいか》することが決定《けってい》しました。『細川忠興軍功記《ほそかわただおきぐんこうき》』によれば、「市《いち》」と三姉妹《さんしまい》は伊吹山《いぶきやま》の麓《ふもと》を通《とお》って、勝家《かついえ》の城《しろ》であった越前国北庄城《えちぜんのくにきたのしょうじょう》に至《いた》ったとされます。この経路《けいろ》から見《み》て、この時《とき》、彼女《かのじょ》らは落城後初《らくじょうごはじ》めて小谷《おだに》城《じょう》の前《まえ》を通過《つうか》し、城《しろ》が壊《こわ》され変《か》わり果《は》てた故郷《ふるさと》を見《み》ることになったと考《かんが》えられます。天正《てんしょう》10年《ねん》（1582）の秋頃《あきごろ》のことで、その後《ご》しばらく「市《いち》」と三姉妹《さんしまい》の北庄《きたのしょう》での生活《せいかつ》が始《はじ》まるのです。

当時《とうじ》、信長《のぶなが》の後継《こうけい》をめぐって、信長次男《のぶながじなん》・信《のぶ》雄《かつ》と結《むす》んだ秀吉《ひでよし》と、三男信孝《さんなんのぶたか》と結《むす》んだ勝家《かついえ》の間《あいだ》で、水面下《すいめんか》の争《あらそ》いが激《はげ》しくなっていました。「市《いち》」の勝家《かついえ》への再嫁《さいか》は、明《あき》らかに柴田側《しばたがわ》が、信《のぶ》長後継《ながこうけい》の大義名分《たいぎめいぶん》を勝家《かついえ》が得《え》られるように仕組《しく》

▲賤ヶ岳合戦図屏風《しずがたけかっせんずびょうぶ》（長浜市長浜城歴史博物館蔵《ながはましながはまじょうれきしはくぶつかんぞう》）

▲9重《じゅう》の天守閣《てんしゅかく》があったとされる北庄城跡《きたのしょうじょうあと》には勝家《かついえ》を祀《まつ》る柴《しば》田神社《たじんじゃ》もある（福井市《ふくいし》）

んだものです。

しかし、天正《てんしょう》11年《ねん》（1583）4月《がつ》21日《にち》、夫《おっと》の柴田勝家《しばたかついえ》が賤ヶ岳合戦《しずがたけかっせん》で羽柴秀吉《はしばひでよし》に敗《やぶ》れ、4月《がつ》24日《か》には9重《じゅう》と言《い》われる天守閣《てんしゅかく》に火《ひ》をかけ、「市《いち》」は勝家《かついえ》と共《とも》に自刃《じじん》して果《は》てました。

Y. Sasaki

北庄落城《きたのしょうらくじょう》（佐々木洋一《ささきよういち》画《が》）

天正《てんしょう》11年《ねん》（1583）4月《がつ》24日《か》、賤ヶ岳合戦《しずがたけかっせん》で羽柴秀吉《はしばひでよし》に敗北《はいぼく》した柴田勝家《しばたかついえ》は北庄《きたのしょう》に帰城《きじょう》し、前年《ぜんねん》に妻《つま》となった市《いち》と共《とも》に自害《じがい》して果《は》てた。しかし、市《いち》の連子《つれご》である三姉妹《さんしまい》は城外《じょうがい》に脱出《だっしゅつ》、秀吉《ひでよし》の保護下《ほごか》に入《はい》り、新《あら》たな人生《じんせい》を歩《あゆ》むことになる。三姉妹《さんしまい》と別《わか》れるに当《あ》たり、市《いち》は秀吉《ひでよし》に三姉妹《さんしまい》の養育《よういく》を依頼《いらい》する手紙《てがみ》を書《か》き、三《さん》の間《ま》まで見送《みおく》ったと言《い》われる。このシーンは、城《しろ》から出《で》ることを嫌《いや》がる三姉妹《さんしまい》を、市《いち》が城外《じょうがい》に出《で》るように諭《さと》しているシーン。この時《とき》の三姉妹《さんしまい》の年齢《ねんれい》は、茶々《ちゃちゃ》15歳《さい》、初《はつ》14歳《さい》、江《ごう》11歳《さい》であった。市《いち》は36歳《さい》。

記録《きろく》が伝《つた》える北庄落城《きたのしょうらくじょう》

大村由己《おおむらゆうこ》の著《ちょ》『柴田合戦記《しばたかっせんき》』によれば、前日《ぜんじつ》に行《おこな》われた城内《じょうない》の酒宴《しゅえん》で、勝家《かついえ》は「御身《おんみ》は信長公《のぶながこう》の御妹《おんいもうと》なれば出《いで》させ給《たま》へ」と「市《いち》」に退城《たいじょう》を促《うなが》しましたが、「市《いち》」は涙《なみだ》ながら

「去《さ》る秋《あき》の終《お》わり、岐阜《ぎふ》よりまいり、斯《か》くみえぬる事《こと》も前世《ぜんせ》の宿業《しゅくごう》、今更驚《いまさらおどろ》くべきに非《あら》ず、ここを出《い》で去《さ》らん事《こと》、思《おも》いもよらず候《そうろう》」

と言《い》って、城《しろ》から出《で》ることを拒否《きょひ》したと言《い》います。

ただ、三人《さんにん》の娘《むすめ》を逃《に》がすことには応《おう》じ、母《はは》と運命《うんめい》を共《とも》にすると嘆《なげ》き悲《かな》しむ彼女《かのじょ》らを、無理《むり》やり城外《じょうがい》へ出《だ》したと記《しる》されています。

「初《はつ》」に仕《つか》えた武将《ぶしょう》の子孫《しそん》である渓心院《けいしんいん》という女性《じょせい》の書付《かきつけ》によれば、三姉妹《さんしまい》を城外《じょうがい》に出《だ》すに当《あ》たって、「市《いち》」は攻《せ》め手《て》の羽柴秀吉《はしばひでよし》に自筆《じひつ》の手紙《てがみ》を書《か》き、３人《にん》の養育《よういく》を頼《たの》んだと記《しる》されています。この書《しょ》によれば、三姉妹《さんしまい》は一《ひと》つの輿《こし》に乗《の》せられ、「市《いち》」はこの娘《むすめ》たちを北庄城《きたのしょうじょう》（本丸御殿《ほんまるごてん》）三《さん》の間《ま》まで見送《みおく》ったとあります。その時《とき》の「市《いち》」の姿《すがた》は、実《じつ》に美《うつく》しく年《とし》の頃《ころ》22・23歳《さい》には見《み》えたと渓心院《けいしんいん》は書《か》いています。この時《とき》、「市《いち》」の実年齢《じつねんれい》は、36歳《さい》でした。

現在《げんざい》でも「市《いち》」が「戦国《せんごく》の美女《びじょ》」と言《い》われるのは、高野山持明院《こうやさんじみょういん》に伝《つた》わる画像《がぞう》と共《とも》に、こういった逸話《いつわ》が基《もと》となっているのでしょう。

▲大河《たいが》ドラマ放映《ほうえい》を記念《きねん》して造《つく》られた三姉妹《さんしまい》の像《ぞう》
（福井市北庄城跡《ふくいしきたのしょうじょうあと》）

▲北庄城跡《きたのしょうじょうあと》にたつ柴田勝家像《しばたかついえぞう》

◀北庄城跡《きたのしょうじょうあと》にたつ「市《いち》」の像《ぞう》

二度《に》《ど》の落城後《らくじょうご》、三姉妹《さんしまい》それぞれの道《みち》

秀吉《ひでよし》の庇護《ひご》

北庄城《きたのしょうじょう》から脱出《だっしゅつ》し、二度目《にどめ》の落城《らくじょう》で母《はは》を失《うしな》った三姉《さんし》妹《まい》は、羽柴秀吉《はしばひでよし》の保護下《ほごか》に入《はい》り、安土城《あづちじょう》で生活《せいかつ》するようになったと考《かんが》えられます。『柳営婦女伝系《りゅうえいふじょでんけい》』によれば、落城寸前《らくじょうすんぜん》に柴田勝家《しばたかついえ》は、「市《いち》」に命《めい》じて三姉妹《さんしまい》の脱出《だっしゅつ》を指示《しじ》しますが、まず「一乗《いちじょう》の谷《たに》へ遣《つかわ》し置《お》く、秀吉是《ひでよしこれ》を聞《きき》、急《きゅう》に安土《あづち》へ送《おく》り入《い》る」と記《しる》されています。すなわち、勝家《かついえ》の命《めい》で越前朝倉氏《えちぜんあさくらし》の城《しろ》であった一乗谷《いちじょうだに》に一《いっ》時逃《ときのが》れた後《のち》、秀吉《ひでよし》の配慮《はいりょ》によって安土城《あづちじょう》に移《うつ》されたと解釈《かいしゃく》できるのです。安土城《あづちじょう》は織田家《おだけ》の城《しろ》であり、この三姉妹《さんしまい》は織田家《おだけ》の姫君《ひめぎみ》という思《おも》いが、秀吉《ひでよし》にあったのでしょう。その後《ご》、天正《てんしょう》12年《ねん》（1584）に大坂城本《おおさかじょうほん》丸御殿《まるごてん》が完成《かんせい》すると、同城《どうじょう》に移《うつ》ったとみられます。ただし、三女《さんじょ》の「江《ごう》」には結婚《けっこん》という人生《じんせい》の転機《てんき》が迫《せま》っていました。

▲安土城跡《あづちじょうあと》の信長廟《のぶながびょう》（近江八幡市《おうみはちまんし》安土町《あづちちょう》）

▲現在《げんざい》の大阪城《おおさかじょう》

▲大阪城《おおさかじょう》内《ない》山里《やまざと》郭《ぐるわ》跡《あと》にたつ「淀《よど》」と秀頼《ひでより》の供養塔《くようとう》

秀吉《ひでよし》の妻《つま》「淀《よど》」

大河《たいが》ドラマの主人公《しゅじんこう》「江《ごう》」の人生《じんせい》を語《かた》る前《まえ》に、長女《ちょうじょ》である「淀《よど》（茶々《ちゃちゃ》）」の人生《じんせい》について簡単《かんたん》に記《しる》しておきましょう。

北庄落城後《きたのしょうらくじょうご》、安土城《あづちじょう》を経《へ》て大坂城《おおさかじょう》に入《はい》った「淀《よど》」が、豊臣秀吉《とよとみひでよし》の妻《つま》になったのは、天正《てんしょう》16年《ねん》（1588）頃《ころ》と言《い》われます。これは、天正《てんしょう》17年《ねん》（1589）5月《がつ》27日《にち》、第

▲小谷落城時《おだにらくじょうじ》の「市《いち》」と三姉妹《さんしまい》（『絵本太閤記《えほんたいこうき》』の挿絵《さしえ》を本館《ほんかん》で着色《ちゃくしょく》）

1子《し》の鶴松《つるまつ》を淀城《よどじょう》で産《う》んだので、そこからの逆算《ぎゃくさん》という単純《たんじゅん》な推理《すいり》です。京都《きょうと》の南《みなみ》に当《あ》たる淀城《よどじょう》は、「淀《よど》」の産所《さんじょ》として秀吉《ひでよし》が築城《ちくじょう》した城《しろ》でしたが、彼女《かのじょ》は天正《てんしょう》17年《ねん》8月《がつ》には大坂城《おおさかじょう》へ移《うつ》り、文禄《ぶんろく》3年《ねん》（1594）に淀城《よどじょう》は破却《はきゃく》されています。このように、「淀《よど》」がその名前《なまえ》の由来《ゆらい》でもある淀城《よどじょう》で生活《せいかつ》した期間《きかん》は、短期宿泊《たんきしゅくはく》を含《ふく》めても1年《ねん》にも満《み》たなかったのは意外《いがい》な事実《じじつ》かもしれません。

他方《たほう》、秀吉《ひでよし》の子《こ》とされる鶴松《つるまつ》については、宣教師《せんきょうし》のルイス・フロイスが記《しる》しているように、秀吉《ひでよし》の子《こ》ではないとの噂《うわさ》が当時《とうじ》からささやかれていました。「淀《よど》」は表向《おもてむ》きのお祝《いわ》いムードとは裏腹《うらはら》に、周囲《しゅうい》の冷《つめ》たい視《し》線《せん》と嫉妬《しっと》の中《なか》で心《こころ》が落《お》ち着《つ》かない毎日《まいにち》を送《おく》ったと考《かんが》え

▲秀吉《ひでよし》が産所《さんじょ》として造《つく》った淀《よど》城《じょう》（淀古城《よどこじょう》）。ここから淀《よど》殿《どの》と呼《よ》ばれるようになった（京都市《きょうとし》伏見区《ふしみく》妙教寺《みょうきょうじ》）

▲秀吉《ひでよし》が小田原攻《おだわらぜ》めのために築《きず》いた石垣山一夜城《いしがきやまいちやじょう》（神奈川県小田原市《かながわけんおだわらし》）

られます。しかし、その愛児《あいじ》・鶴松《つるまつ》は、小田原攻《おだわらぜ》めの翌年《よくとし》にあたる天正《てんしょう》19年《ねん》（1591）8月《がつ》5日《か》に病死《びょうし》してしまいます。わずか3歳《さい》でした。

秀頼《ひでより》の誕生《たんじょう》

「淀《よど》」は文禄《ぶんろく》2年《ねん》（1593）8月《がつ》3日《か》、第《だい》2子《し》にあたる秀頼《ひでより》を大坂城《おおさかじょう》で出産《しゅっさん》します。秀頼《ひでより》が順調《じゅんちょう》に成長《せいちょう》するにしたがい、秀吉《ひでよし》は関白《かんぱく》を甥《おい》の秀次《ひでつぐ》に譲《ゆず》り、次代《じだい》を託《たく》したことを後悔《こうかい》するようになりました。

文禄《ぶんろく》4年《ねん》（1595）7月《がつ》、秀吉《ひでよし》は秀次《ひでつぐ》を高野山《こうやさん》へ追放《ついほう》し、同《どう》15日《にち》には切腹《せっぷく》を命《めい》じてしまいます。秀吉《ひでよし》の愛児《あいじ》・秀頼《ひでより》への異常《いじょう》なまでの愛情《あいじょう》は、秀次《ひでつぐ》の抹殺《まっさつ》という最悪《さいあく》の結果《けっか》を迎《むか》えたのです。

8月《がつ》2日《か》には京都三条河原《きょうとさんじょうがわら》で、秀次《ひでつぐ》の子《こ》と妻妾《さいしょう》・侍女《じじょ》30余名《よめい》の処刑《しょけい》が行《おこな》われました。「淀《よど》」は自分《じぶん》の生《う》んだ子《こ》がきっかけで、この大惨事《だいさんじ》が起《お》きたことに、たいへんなショックを受《う》けたと推測《すいそく》されます。江戸時代《えどじだい》に編《あ》まれた『豊内記《ほうないき》』という本《ほん》には、秀次《ひでつぐ》の霊《れい》が「淀《よど》」の枕元《まくらもと》に立《た》ち、その恨《うら》みを述《の》べたという逸話《いつわ》を載《の》せています。

Y. Sasaki

大坂城炎上《おおさかじょうえんじょう》（佐々木洋一《ささきよういち》画《が》）

関ヶ原合戦以降《せきがはらかっせんいこう》、淀《よど》は秀吉《ひでよし》との間《あいだ》に生《う》まれた秀頼《ひでより》を養育《よういく》し、大坂城《おおさかじょう》で豊臣家《とよとみけ》を守《まも》っていた。慶長《けいちょう》19年《ねん》（1614）、方広寺鐘銘事件《ほうこうじしょうめいじけん》をきっかけに、10月《がつ》には徳川《とくがわ》が豊臣《とよとみ》を攻撃《こうげき》する大坂冬《おおさかふゆ》の陣《じん》が起《お》きる。一度《いちど》、和議《わぎ》に至《いた》ったものの、翌年《よくねん》には夏《なつ》の陣《じん》が勃発《ぼっぱつ》、城《しろ》の内堀《うちぼり》まで埋《う》められた豊臣家《とよとみけ》は滅亡《めつぼう》することになる。このシーンは、徳川方《とくがわがた》から身《み》を隠《かく》すため、天守閣北方《てんしゅかくほっぽう》の山里郭糒櫓《やまざとくるわほしいやぐら》に入《はい》ろうとする淀《よど》と秀頼《ひでより》。5月《がつ》8日《か》、ここで淀《よど》と秀頼《ひでより》は自害《じがい》することになる。この姉《あね》（淀《よど》）と妹《いもうと》（江《ごう》）の家《いえ》の戦《たたか》いにあたって、初《はつ》は使者《ししゃ》として両軍《りょうぐん》の衝突回避《しょうとつかいひ》を目指《めざ》して尽力《じんりょく》したが、目的《もくてき》は果《は》たせなかった。この時《とき》の三姉妹《さんしまい》の年齢《ねんれい》は、茶々《ちゃちゃ》47歳《さい》、初《はつ》46歳《さい》、江《ごう》43歳《さい》であった。

姉《し》妹《まい》が対《たい》立《りつ》することになる関《せき》ケ《が》原《はら》合《かっ》戦《せん》と大《おお》坂《さか》の陣《じん》

大《おお》坂《さか》の陣《じん》へのシナリオ

慶長《けいちょう》3年《ねん》（1598）8月《がつ》18日《にち》、秀吉《ひでよし》が病《びょう》死《し》すると、時代《じだい》は大《おお》きく転換《てんかん》し、徳川家康《とくがわいえやす》の天下取《てんかと》りの物語《ものがたり》が始《はじ》まります。この中《なか》で、「淀《よど》」と秀頼《ひでより》の生涯《しょうがい》は大《おお》きく狂《くる》わされていきます。関《せき》ケ《が》原《はら》合《かっ》戦《せん》にあたって、「淀《よど》」は西軍《せいぐん》（石田三成側《いしだみつなりがわ》）によって攻《せ》められた大津城《おおつじょう》の状況《じょうきょう》を気遣《きづか》っていました。大津城《おおつじょう》は「初《はつ》」の夫《おっと》・京極高次《きょうごくたかつぐ》の居城《きょじょう》で、「初《はつ》」も籠城《ろうじょう》していました。高次《たかつぐ》は関《せき》ケ《が》原《はら》合《かっ》戦《せん》当《とう》日《じつ》の9月《がつ》15日《にち》に講和《こうわ》を受《う》け入《い》れ、「初《はつ》」は無事《ぶじ》大津城《おおつじょう》を退去《たいきょ》することができたのです。

関《せき》ケ《が》原《はら》合《かっ》戦《せん》後《ご》、家康《いえやす》の豊臣《とよとみ》家《け》潰《つぶ》しのシナリオは徐々《じょじょ》に進《すす》んでいきます。とはいえ、慶長《けいちょう》8年《ねん》（1603）には、徳川秀忠《とくがわひでただ》と妹《いもうと》「江《ごう》」の間《あいだ》に生《う》まれた子《こ》である千姫《せんひめ》が、秀頼《ひでより》の妻《つま》

▲姉妹《しまい》が対立《たいりつ》することとなった関ヶ原合戦場跡《せきがはらかっせんじょうあと》（岐阜県不破郡関ヶ原町《ぎふけんふわぐんせきがはらちょう》）

として迎《むか》えられました。さらに、慶長《けいちょう》16年《ねん》（1611）には家康《いえやす》と秀頼《ひでより》が二条城《にじょうじょう》で会見《かいけん》し、両者《りょうしゃ》の和解《わかい》は一面《いちめん》では進《すす》んでいるようにも見《み》えました。しかし、慶長《けいちょう》19年《ねん》（1614）の方広寺鐘銘事件《ほうこうじしょうめいじけん》をきっかけに、その年《とし》の10月《がつ》には「大坂冬《おおさかふゆ》の陣《じん》」が勃発《ぼっぱつ》、翌年《よくとし》の「大坂《おおさか》夏《なつ》の陣《じん》」で、二《に》の丸《まる》まで堀《ほり》を埋《う》められ裸同然《はだかどうぜん》となった大坂城《おおさかじょう》を、家康《いえやす》によって攻撃《こうげき》された「淀《よど》」と秀頼《ひでより》は、5月《がつ》8日《か》に自害《じがい》して果《は》てたのです。

▲大津港入口《おおつこういりぐち》の大津城跡《おおつじょうあと》の石碑《せきひ》
（大津市打出浜《おおつしうちではま》）

Y. Sasaki

大津城籠城《おおつじょうろうじょう》（佐々木洋一画《ささきよういちが》）

慶長《けいちょう》５年《ねん》（1600）９月《がつ》、関ヶ原合戦《せきがはらかっせん》を前《まえ》にして、初《はつ》の夫《おっと》・京極《きょうごく》高次《たかつぐ》は大津城《おおつじょう》に籠城《ろうじょう》し、東軍《とうぐん》（徳川家康方《とくがわいえやすがた》）として戦《たたか》った。城《しろ》は西軍《せいぐん》（石田三成方《いしだみつなりがた》）によって包囲《ほうい》され、南西《なんぼく》にそびえる長等山《ながらやま》から砲撃《ほうげき》が城内《じょうない》に着弾《ちゃくだん》し大《おお》いに苦《くる》しめられた。高次《たかつぐ》は３日《か》から籠《ろう》城《じょう》するが、関ヶ原合戦当日《せきがはらかっせんとうじつ》の15日《にち》に至《いた》り、城《しろ》を開《ひら》き剃髪《ていはつ》して高《こう》野山《やさん》に入《はい》った。大津城《おおつじょう》には高次《たかつぐ》の妻《つま》・初《はつ》はもちろん、高次《たかつぐ》の姉《あね》・松《まつ》の丸《まる》（龍子《たつこ》）もいたので、淀《よど》や北政所《きたのまんどころ》は使者《ししゃ》を送《おく》って開城《かいじょう》を促《うなが》したという。このシーンは大津城天守閣《おおつじょうてんしゅかく》で、西軍《せいぐん》からの砲撃《ほうげき》を見《み》て困惑《こんわく》する高次《たかつぐ》と初《はつ》、それに松《まつ》の丸《まる》（左）の姿《すがた》である。この時《とき》の三姉妹《さんしまい》の年齢《ねんれい》は、茶々《ちゃちゃ》32歳《さい》、初《はつ》31歳《さい》、江《ごう》28歳《さい》であった。

「初《はつ》」と京極高次《きょうごくたかつぐ》

浅井三姉妹《あざいさんしまい》の次女《じじょ》「初《はつ》」の夫《おっと》となる京極高次《きょうごくたかつぐ》は、浅《あざ》井氏《いし》の主君《しゅくん》に当《あ》たる家筋《いえすじ》でした。高次《たかつぐ》は「本能寺《ほんのうじ》の変《へん》」後《ご》の混乱《こんらん》では明智光秀《あけちみつひで》方《がた》に従《したが》いましたが、その妹《いもうと》・龍子《たつこ》（松《まつ》の丸《まる》）が秀吉《ひでよし》の側室《そくしつ》だったので助命《じょめい》され、天正《てんしょう》12年《ねん》（1584）には秀吉《ひでよし》から湖西高島郡《こせいたかしまぐん》に領地《りょうち》を与《あた》えられました。

その後《ご》、天正《てんしょう》15年《ねん》（1587）には大溝城主《おおみぞじょうしゅ》、天《てん》正《しょう》19年《ねん》（1591）には近江《おうみ》八幡城主《はちまんじょうしゅ》、文禄《ぶんろく》4年《ねん》（1595）には大津城主《おおつじょうしゅ》となっていました。「初《はつ》」が高次《たかつぐ》のもとに嫁《とつ》いだのは、天正《てんしょう》15年《ねん》（1587）頃《ころ》とされています。秀吉《ひでよし》の死《し》に際《さい》して「初《はつ》」は、秀吉《ひでよし》から近江国蒲生郡《おうみのくにがもうぐん》の内《うち》で2045石余《こくよ》の領地《りょうち》を与《あた》えられており、秀吉《ひでよし》からの信任《しんにん》も厚《あつ》かったようです。

関ヶ原合戦《せきがはらかっせん》に際《さい》して、東軍《とうぐん》であった大津城《おおつじょう》は西軍《せいぐん》の三成軍《みつなりぐん》によって包囲《ほうい》されますが、関ヶ原合戦当日《せきがはらかっせんとうじつ》の9月《がつ》15日《にち》に開城《かいじょう》、夫《おっと》の高次《たかつぐ》は結果的《けっかてき》に降伏《こうふく》した責任《せきにん》をとり、剃髪《ていはつ》して高野山《こうやさん》に入《はい》りました。ところが、大津城《おおつじょう》は開城《かいじょう》したものの、関ヶ原合戦当日《せきがはらかっせんとうじつ》まで、西軍《せいぐん》の立《たち》

▲京極高次《きょうごくたかつぐ》の最初《さいしょ》の居城《きょじょう》、大溝城跡《おおみぞじょうあと》（高島市勝野《たかしましかつの》）

▲京極高次像《きょうごくたかつぐぞう》（米原市徳源院蔵《まいばらしとくげんいんぞう》）

花宗茂《ばなむねしげ》をはじめとする一隊《いったい》を釘付《くぎづ》けにしたという功《こう》績《せき》が認《みと》められて、高次《たかつぐ》は戦後《せんご》に若狭《わかさ》小浜城主《おばまじょうしゅ》として92000石余《こくよ》を家康《いえやす》から与《あた》えられます。しかし、夫《おっと》の高次《たかつぐ》は「大坂《おおさか》の陣《じん》」をまたず、慶長《けいちょう》14年《ねん》（1609）5月《がつ》3日《か》に、47歳《さい》で没《ぼっ》しました。

▲関ヶ原合戦《せきがはらかっせん》の功績《こうせき》で高次《たかつぐ》が城主《じょうしゅ》となった小浜城跡《おばまじょうあと》
（福井県小浜市《ふくいけんおばまし》）

▲徳源院《とくげんいん》にある京極家《きょうごくけ》の墓所《ぼしょ》、京極家存続《きょうごくけそんぞく》の立役者《たてやくしゃ》といえる高次廟《たかつぐびょう》は石造《いしづく》りとなっている
（米原市清滝《まいばらしきよたき》）

▲常高院《じょうこういん》（初《はつ》）の遺言《ゆいごん》で常高寺《じょうこうじ》裏山《うらやま》に建立《こんりゅう》された墓所《ぼしょ》。仕《つか》えた侍女《じじょ》の墓《はか》が向《む》かい合《あ》う（小《お》浜市《ばまし》常高寺《じょうこうじ》）

大坂《おおさか》の陣《じん》と常高院《じょうこういん》

夫《おっと》の死後《しご》、尼《あま》となった「初《はつ》」は「常高院《じょうこういん》」と名乗《なの》ります。「大坂《おおさか》の陣《じん》」では「冬《ふゆ》の陣《じん》」の勃発《ぼっぱつ》に際《さい》し、徳《とく》川方《がわがた》と豊臣方《とよとみがた》をつなぐ使者《ししゃ》として活躍《かつやく》しました。常高《じょうこう》院《いん》は、家康《いえやす》の跡継《あとつぎ》・秀忠正室《ひでただせいしつ》「江《ごう》」の姉《あね》であり、もちろん家康《いえやす》とは面識《めんしき》がありました。一方《いっぽう》、豊臣方《とよとみがた》の大坂《おおさか》城《じょう》の事実上《じじつじょう》の主《あるじ》は、ほかならぬ姉《あね》の「淀《よど》」でした。

慶長《けいちょう》19年《ねん》（1614）12月《がつ》に結《むす》ばれた「冬《ふゆ》の陣《じん》」の講和《こうわ》をまとめたのは常高院《じょうこういん》と家康《いえやす》の側室《そくしつ》・阿茶局《あちゃのつぼね》でした。また、常高院《じょうこういん》は慶長《けいちょう》20年《ねん》（1615）の3月《がつ》から4月《がつ》にかけて、家康《いえやす》と「淀《よど》」との間《あいだ》を行《い》き来《き》し講和《こうわ》を目指《めざ》しました。5月《がつ》8日《か》の落城寸前《らくじょうすんぜん》まで、大坂城《おおさかじょう》にいて淀《よど》の説得《せっとく》を行《おこな》っていたと推定《すいてい》されますが、落城《らくじょう》に際《さい》しては脱出《だっしゅつ》、その姿《すがた》は「淀《よど》」に仕《つか》えていた侍女《じじょ》「おきく」が記《しる》した『おきく物語《ものがたり》』に詳《くわ》しく記《しる》されています。「おきく」は大坂城《おおさかじょう》から必死《ひっし》の思《おも》いで脱出《だっしゅつ》する途中《とちゅう》に、武士《ぶし》に背負《せお》われた常高院《じょうこういん》の一行《いっこう》に出会《であ》ったといいます。常高院《じょうこういん》は負傷《ふしょう》した足《あし》を押《お》さえてもらっていました。やがて、守口《もりぐち》のある家《いえ》に立《た》ち寄《よ》り、畳《たたみ》2畳分《じょうぶん》の筵《むしろ》

▲京極家《きょうごくけ》の養女《ようじょ》となった「江《ごう》」の四女初姫《よんじょはつひめ》の墓所《ぼしょ》（東京都文京区小石川伝通院《とうきょうとぶんきょうくこいしかわでんづういん》）

の上《うえ》で休《やす》み食事《しょくじ》をとると、家康《いえやす》から迎《むか》えの乗《の》り物《もの》が来《き》たので、それに乗《の》り、付《つ》き従《したが》う女性《じょせい》たちの処遇《しょぐう》について、家康《いえやす》の指示《しじ》を仰《あお》ぎに行《い》きました。

やがて常高院《じょうこういん》が戻《もど》ると輿《こし》から出《で》ない内《うち》から、家康《いえやす》が城中《じょうちゅう》にいた女性《じょせい》について、望《のぞ》みの所《ところ》へ去《さ》る許可《きょか》を得《え》たことを伝《つた》え、一同歓喜《いちどうかんき》したと記《しる》されています。ここでは、城中《じょうちゅう》の女性《じょせい》たちを統括《とうかつ》し、混乱《こんらん》においても冷静《れいせい》な判断《はんだん》を失《うしな》わない、心《こころ》が強《つよ》い常高院《じょうこういん》の姿《すがた》が読《よ》み取《と》れます。なお、この物語《ものがたり》を語《かた》った「おきく」の祖父《そふ》山口茂介《やまぐちもすけ》は、浅井長政《あざいながまさ》の家臣《かしん》であったと伝《つた》えます。

小浜《おばま》と常高院《じょうこういん》

常高院《じょうこういん》は晩年《ばんねん》、江戸《えど》で生活《せいかつ》し三姉妹《さんしまい》の中《なか》ではもっとも長生《ながい》きして、寛永《かんえい》10年《ねん》（1633）8月《がつ》27日《にち》、64歳《さい》で没《ぼっ》しました。彼女《かのじょ》の遺骸《いがい》は、自身《じしん》が寛永《かんえい》7年《ねん》（1630）に若狭国《わかさのくに》小浜《おばま》に建立《こんりゅう》した常高寺《じょうこうじ》の住職《じゅうしょく》・槐堂和尚《かいどうおしょう》によって引《ひ》き取《と》られ、常高寺《じょうこうじ》の裏山《うらやま》で火葬《かそう》されました。現在《げんざい》も常高寺《じょうこうじ》の裏山《うらやま》には、彼女《かのじょ》の墓石《ぼせき》が残《のこ》されています。

当代一《とうだいいち》の女性《じょせい》となった「江《ごう》」

姉妹《しまい》の中《なか》で最初《さいしょ》に結婚《けっこん》した「江《ごう》」

▲「江《ごう》」が最初《さいしょ》に嫁《とつ》いだ尾張大野城主《おわりおおのじょうしゅ》の佐治一成像《さじかずなりぞう》（愛知県常滑市大野町《あいちけんとこなめしおおのちょう》）

浅井長政《あざいながまさ》の三女《さんじょ》「江《ごう》」は最初《さいしょ》、尾張国大野城《おわりのくにおおのじょう》（愛知《あいち》県常滑市所在《けんとこなめししょざい》）の城主佐治一成《じょうしゅさじかずなり》のもとに嫁《とつ》ぎました。それは天正《てんしょう》12年《ねん》（1584）の初《はじ》めであったと考《かんが》えられています。わずか12歳《さい》でした。佐治一成《さじかずなり》の母《はは》は信長《のぶなが》の妹《いもうと》「犬《いぬ》」ですから、一成《かずなり》と「江《ごう》」をはじめとする三《さん》姉妹《しまい》は、従兄妹同士《いとこどうし》ということになります。ところが、同《おな》じ年《とし》の9月頃《がつごろ》、小牧《こまき》・長久手合戦《ながくてかっせん》から三河《みかわ》へ帰《かえ》る徳《とく》川家康《がわいえやす》が、佐屋《さや》の渡《わたし》を越《こ》えかねていたところを、一成《かずなり》が船《ふね》を出《だ》して手助《てだす》けします。これを聞《き》いた秀吉《ひでよし》は、江《ごう》を茶々《ちゃちゃ》の病気《びょうき》を理由《りゆう》に呼《よ》び戻《もど》し、佐治《さじ》家《け》へ返《かえ》さなかったと『柳営婦女伝系《りゅうえいふじょでんけい》』に記《しる》されています。家康《いえやす》と戦《たたか》うため味方《みかた》につけた佐治一成《さじかずなり》が、家康《いえやす》を助《たす》けたことを秀《ひで》吉《よし》は怒《おこ》ったのです。

2回目《かいめ》の結婚《けっこん》で完子《さだこ》を出産《しゅっさん》するも秀勝《ひでかつ》は戦死《せんし》

その後《ご》、20歳《さい》となった江《ごう》は、岐阜城主《ぎふじょうしゅ》・豊臣小吉秀《とよとみこきちひで》勝《かつ》の妻《つま》となります。文禄元年《ぶんろくがんねん》（1592）2月《がつ》のこととされます。秀勝《ひでかつ》は三好吉房《みよしよしふさ》と秀吉《ひでよし》の姉《あね》・ともの間《あいだ》に生《う》まれた子《こ》で、兄《あに》に関白秀次《かんぱくひでつぐ》、弟《おとうと》に豊臣秀長《とよとみひでなが》の養子《ようし》と

▲伊勢湾《いせわん》を一望《いちぼう》できる展望台《てんぼうだい》となっている大野城《おおのじょう》（愛知県常滑市大野町《あいちけんとこなめしおおのちょう》）

なった秀保《ひでやす》がいました。しかし、この結婚生活《けっこんせいかつ》もわずかの内《うち》に終《お》わってしまいます。文禄元年《ぶんろくがんねん》9月《がつ》9日《か》、夫《おっと》の秀勝《ひでかつ》は朝鮮出兵《ちょうせんしゅっぺい》の陣中《じんちゅう》において24歳《さい》の若《わか》さで病死《びょうし》してまったからです。ただし、幸《さいわ》いにも「江《ごう》」と秀勝《ひでかつ》の間《あいだ》には、一女《いちじょ》（完子《さだこ》）が生《う》まれていました。この子《こ》は、後《のち》に「淀《よど》」によって養育《よういく》され、その養女《ようじょ》となって後《のち》の関白《かんぱく》・九条幸家《くじょうゆきいえ》に嫁《とつ》いでいます。

▲「江《ごう》」が嫁《とつ》いだ豊臣秀勝《とよとみひでかつ》が城主《しょうしゅ》となった岐阜城跡《ぎふじょうあと》（岐阜県岐阜市《ぎふけんぎふし》）

三代将軍徳川家光《さんだいしょうぐんとくがわいえみつ》の生母《せいぼ》となった 二代将軍秀忠夫人《にだいしょうぐんひでただふじん》

文禄《ぶんろく》4年《ねん》（1595）9月《がつ》17日《にち》、23歳《さい》となった「江《ごう》」は、秀吉《ひでよし》の養女《ようじょ》となって6歳年下《さいとしした》の徳川秀忠《とくがわひでただ》のもとに嫁《とつ》ぎました。「江《ごう》」と秀忠《ひでただ》との間《あいだ》には、2男《なん》5女《じょ》が生《う》まれています。長男《ちょうなん》は竹千代《たけちよ》で後《のち》の徳川幕府三《とくがわばくふさん》代将軍家光《だいしょうぐんいえみつ》であることは周知《しゅうち》の通《とお》りです。次男《じなん》は国松《くにまつ》で、後《のち》に駿河大納言忠長《するがだいなごんただなが》と呼《よ》ばれた人物《じんぶつ》です。

女子《じょし》の内《うち》、長女《ちょうじょ》は豊臣秀頼《とよとみひでより》の妻《つま》となった千姫《せんひめ》、次女《じじょ》は、加賀金沢藩主《かがかなざわはんしゅ》・前田利常《まえだとしつね》の妻《つま》となった珠姫《たまひめ》、三女《さんじょ》は越前福井藩主《えちぜんふくいはんしゅ》・松平忠直《まつだいらただなお》の妻《つま》となった勝姫《かつひめ》、四女初《よんじょはつ》姫《ひめ》は京極高次《たかつぐ》（初《はつ》の夫《おっと》）の跡《あと》を継《つ》いだ忠高《ただたか》の妻《つま》となっています。そして、五女和子《ごじょまさこ》は後水尾天皇《ごみずのおてんのう》の中宮《ちゅうぐう》（正《せい》室《しつ》）となり、興子《おきこ》（後《のち》の明正天皇《めいしょうてんのう》、奈良時代以来《ならじだいいらい》の女《じょ》帝《てい》）を生《う》み、天皇家《てんのうけ》にも浅井家《あざいけ》の血筋《ちすじ》を残《のこ》しています。

▲江戸城跡《えどじょうあと》の天守閣台《てんしゅかくだい》（皇居東御苑《こうきょひがしぎょえん》）。この周辺《しゅうへん》に「江《ごう》」が生活《せいかつ》した大奥《おおおく》があった

▲崇源院《すうげんいん》（江《ごう》）の供養塔《くようとう》（京都市《きょうとし》左京区《さきょうく》金戒光明寺《こんかいこうみょうじ》）

当代一《とうだいいち》の女性《じょせい》となり、仲良《なかよ》く眠《ねむ》る

慶長《けいちょう》17年《ねん》（1612）2月《がつ》25日《にち》、徳川家康《とくがわいえやす》は長男《ちょうなん》・竹千代《たけちよ》よりも次男《じなん》・国松《くにまつ》を愛《あい》していたという「江《ごう》」に手紙《てがみ》を送《おく》り、徳川家《とくがわけ》の家督《かとく》はあくまでも竹千代《たけちよ》に渡《わた》すので、国松《くにまつ》については、それを補佐《ほさ》する人物《じんぶつ》として育《そだ》てるよう丁寧《ていねい》に説《と》いています。この手紙《てがみ》は、竹千代《たけちよ》の乳母《うば》であった「福《ふく》」（後《のち》の春日局《かすがのつぼね》）が竹千代《たけちよ》が将軍《しょうぐん》となれないことを恐《おそ》れて、大御所家康《おおごしょいえやす》に手《て》を回《まわ》して出《だ》し

▲淀《よど》が建立《こんりゅう》し、「江《ごう》」が再建《さいけん》した浅井長政《あざいながまさ》の菩提寺《ぼだいじ》・養源院《ようげんいん》。秀吉《ひでよし》、淀《よど》、秀頼《ひでより》の位牌《いはい》もある（京都市《きょうとし》東山区《ひがしやまく》）

てもらったものと考《かんが》えられています。

「江《ごう》」の前半生《ぜんはんせい》は、政治的要因《せいじてきよういん》で夫《おっと》を3人《にん》も変《か》えられるという、三姉妹《さんしまい》の中《なか》でも多難《たなん》な人生《じんせい》でしたが、後半生《こうはんせい》は徳川家《とくがわけ》の妻《つま》として安定《あんてい》した生活《せいかつ》を送《おく》ったと言《い》えます。もちろん、関ヶ原合戦《せきがはらかっせん》や大坂《おおさか》の陣《じん》などで、姉《あね》たちや近親《きんしん》の安否《あんぴ》を気遣《きづか》ったでしょうが、江戸《えど》で生活《せいかつ》していた彼女《かのじょ》の周辺《しゅうへん》は比較的平穏《ひかくてきへいおん》でした。

寛永《かんえい》3年《ねん》（1626）9月《がつ》15日《にち》、江戸城《えどじょう》で54歳《さい》の生涯《しょうがい》を閉《と》じています。江戸芝増上寺《えどしばぞうじょうじ》に葬《ほうむ》られましたが、没後《ぼつご》は達子《さとこ》という名《な》と、女性《じょせい》としては最高位《さいこうい》である従《じゅ》一位《いちい》の位《くらい》を授《さず》けられています。それは、徳川幕府第三代将軍《とくがわばくふだいさんだいしょうぐん》の生母《せいぼ》、そして天皇《てんのう》の姑《しゅうとめ》であったればこそで、「戦国《せんごく》の姫《ひめ》」としては最高位《さいこうい》を極《きわ》めたことになるのです。

（完《かん》）

▲増上寺《ぞうじょうじ》の徳川家墓所《とくがわけぼしょ》にある「江《ごう》」と「秀忠《ひでただ》」の墓《はか》（東京都港区芝増上寺《とうきょうとみなとくしばぞうじょうじ》）

お世話《せわ》になった方々《かたがた》（掲載順《けいさいじゅん》）
養源院《ようげんいん》（京都府京都市《きょうとふきょうとし》）
奈良県立美術館《ならけんりつびじゅつかん》（奈良県《ならけん》）
常高院《じょうこういん》（福井県小浜市《ふくいけんおばまし》）
実宰院《じっさいいん》（滋賀県長浜市《しがけんながはまし》）
徳源院《とくげんいん》（滋賀県米原市《しがけんまいばらし》）
増上寺《ぞうじょうじ》（東京都港区《とうきょうとみなとく》）

1時間《じかん》でわかる浅井氏《あざいし》と三姉妹《さんしまい》
2011年7月31日　初版第1刷発行

編集・発行　**長浜市長浜城歴史博物館**
〒526-0065 滋賀県長浜市公園町10-10
TEL.0749-63-4611

制作・発売　**サンライズ出版株式会社**
〒522-0004 滋賀県彦根市鳥居本町655-1
TEL.0749-22-0627

Printed in Japan ISBN978-4-88325-456-9
定価は表紙に表示しています。